旅游市场发展与酒店管理研究

韩茜 著

吉林文史出版社

JILIN WENSHI CHUBANSHE

图书在版编目（CIP）数据

旅游市场发展与酒店管理研究 / 韩茜著. -- 长春 ：
吉林文史出版社，2021.9
ISBN 978-7-5472-7910-6

Ⅰ．①旅… Ⅱ．①韩… Ⅲ．①旅游业发展－研究－中
国②饭店－商业企业管理－研究－中国 Ⅳ．①F592.3
②F726.92

中国版本图书馆 CIP 数据核字(2021)第 148771 号

旅游市场发展与酒店管理研究

出 版 人：张　强
著　　者：韩　茜
责任编辑：王俊勇
出版发行：吉林文史出版社有限责任公司
地　　址：长春市福祉大路5788号出版大厦
印　　刷：吉林省优视印务有限公司
开　　本：787mm×1092mm　1/16
印　　张：12.25
字　　数：200 千字
版　　次：2021 年 9 月第 1 版
印　　次：2021 年 9 第 1 次印刷
书　　号：ISBN 978-7-5472-7910-6
定　　价：40.00 元

前　言

　　我国旅游产业从 1978 年起经历了形成、快速成长和稳步发展阶段，已发展成为我国国民经济新的增长点和发展速度最快的产业之一。在这四十多年的发展历程中，旅游产业迅速发展，城市旅游、乡村旅游等成为我国旅游产业发展的核心和依托，为我国旅游产业的快速繁荣增长做出了重要的贡献。同时旅游产业在国民经济中的产业地位也不断提升，成为第三产业中的重点产业和支柱产业之一，发展旅游业成为各地区大力发展第三产业、优化产业结构的重要核心内容。因此深入研究旅游市场的规律、潜力和结构优化，能够促进我国旅游产业进一步发展是提升我国整体旅游产业实力的客观要求。

　　本书以旅游市场研究为起点，以旅游市场的基本规律和要求为依托，以旅游共生的理念和以城市为核心的旅游产业为研究对象，揭开适应旅游市场和旅游生态产业融合发展的产业集群格局，探索旅游酒店业新型管理模式。

　　旅游产业涵盖了"吃、住、行、游、娱、购"六要素，在整个旅游产业中，旅游酒店业参与了整个旅游市场行为的多数环节，在旅游产业集群中扮演着重要角色。

　　全书在撰写过程中参考查阅了众多文献资料和中外学者的研究，吸收了国内许多资深人士的宝贵经验和建议，获得了有关部门和同事们的大力支持和帮助，在此向他们表示诚挚的谢意。

目 录

第一章 旅游市场与酒店管理理论基础·····················1

    第一节 旅游市场结构理论······························1

    第二节 酒店行业发展状况····························25

    第三节 旅游市场与酒店行业关系····················27

第二章 旅游市场的发展与经济分析·····················35

    第一节 旅游市场的研究理论及意义··················35

    第二节 我国旅游市场的发展历程····················47

    第三节 旅游市场产业概念和范围····················70

    第四节 城市旅游市场发展内涵······················76

    第五节 城市旅游市场发展模式······················80

第三章 旅游市场潜力的理论框架·····················85

    第一节 旅游市场潜力的概念界定与辨析··············85

    第二节 旅游市场潜力的 IMS 研究框架················93

第四章 中国旅游市场潜力的区域差异与发展路径·······107

    第一节 中国旅游市场潜力聚类分析与区域差异·······107

    第二节 基于影响因素的旅游市场潜力提升路径·······116

第五章提升中国旅游产业潜力的对策建议··············137

    第一节 激活旅游产业潜力的要素···················137

    第二节 促进区域旅游产业潜力的协调发展···········141

    第三节 引导旅游产业潜力向现实层面的转化·········144

第六章 旅游市场经济学理论与酒店业管理问题..................................149

第一节 城市旅游市场发展的理论基础..................................149

第二节 国内外旅游市场及产业集群综述..............................167

第三节 旅游市场产业结构升级背景下的酒店业.........................187

参考文献：...191

第一章 旅游市场与酒店管理理论基础

旅游市场潜力的研究由三个层次构成：旅游市场潜力研究的理论基础、旅游市场潜力的理论框架与旅游市场潜力的评价研究。本书首先从旅游市场潜力的理论基础出发，并在此基础上由理论研究深入到实证研究，形成旅游市场潜力研究的理论框架与实证体系两个部分。

第一节 旅游市场结构理论

一、旅游市场的内涵与特征

（一）旅游市场的内涵

旅游是不是一个产业，或是一个什么性质的产业在理论上一直存在各种争论。尼尔·利珀反对将旅游视为产业，而将其称之为一个部分产业化的过程，认为旅游业是旅游系统中在功能和空间上有联系的几个部门。实际上，研究者在旅游市场认识上的差异更多地来源于学科背景的不同。从产业经济学的视角而言，"产业"是指构成同类的、生产相对同质性的产品或使用基本相同的技术企业群或者生产者的总和，因此，国内学者通常认为"产业"是具有某类共同特性的企业的集合。具体到旅游市场，Smith认为，尽管在政策分析、旅游宣传、教育和目的地营销过程中，人们常常使用"旅游市场"这个词，但旅游并不是上述意义上的一个产业。主要原因包括如下两个方面：即一方面住宿企业的产品（使人们在一个地方待下来）和交通运输公司的产品（使人们走来走去）之间的明显差异，根本不符合同质性产品的标准；另一方面，旅游基本上是一个需求方面的概念，以某一类特殊消费者的活动为其特征，而产业的定义则是依据产品而非产品的消费者。

总体而言，如下原因导致了关于旅游市场的上述争议（Smith，2004）：一是缺乏可信的测度方法用以描述旅游的规模和影响；二是旅游业的高多

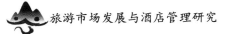

样性，致使有些研究者怀疑旅游业究竟是单一的产业还是一组互相关联的产业；三是空间区域的复杂性；四是产业的高度分散性。

学界和管理部门大都认为旅游是一个重要的产业，许多省市将旅游业确定为支柱产业、先导产业或优势产业，多个省份明确提出要建设旅游大省、旅游强省，并为其下辖市、县所效仿，多将旅游业列为优先扶持发展的产业。

按照第三次产业的划分标准，旅游市场属于第三产业，其主要功能在于作为市场中的综合性经济主体为旅游消费者提供有形和无形的服务，同时，由于旅游市场因其自身的较强的产业关联性、生产与消费的同时性、有形与无形的结合性，当前学界对于"旅游市场"概念的界定基本上是按照其满足的消费者需求的相似性或者同类性来加以划分，即凡是满足旅游消费者在旅游过程中所需要的食、住、行、游、购、娱等方面的产品和劳务的部门或企业的集合，包括旅行社业、饭店、旅游景区、旅游车船公司等多个行业，称之为旅游市场。但是，这却是一个相对狭隘的定义，即在关注旅游市场基本内容的同时忽略了旅游市场外延的复杂性。因此，学术界对于旅游市场的认识逐渐形成了如下三方面的观点：一是"食、住、行、游、购、娱"六要素组合论，认为旅游是由相关产业组合而成的产业群；二是从服务业的角度界定旅游市场，把旅游业归于第三产业门类；三是系统论，认为旅游市场是一个复合的产业系统。因此，旅游并非仅指传统意义上的观光、休闲活动，还包括了商务、会议等各类出访活动，旅游市场有着丰富的内涵和广泛的外延，只要是为旅游者外出活动提供服务的行业均可归于旅游市场，即旅游市场是一个区别于传统产业的"泛产业"。并且，旅游市场是一个动态性的产业，即由于旅游者在不同时期所进行的旅游活动在需求上是有差异的，其选择的服务性企业也会发生相应的变化，换言之，组成旅游市场的相关企业是动态变化的，旅游市场是个随着旅游者需求变化而不断更新的产业。因此，笼统地将旅游市场在现行的产业分类中进行归类，或对现有的产业进行组合，或仅简单地强调旅游市场的综合性，均难以说明旅游市场的本质特征。

根据旅游市场上述特点，旅游市场其实是一个柔性的动态产业。首先，它是一簇产业群体，在传统的旅游市场基本内容外，与其直接相关的旅游辅助产业，以及由于经济、技术联系而间接相关的旅游关联产业共同构成的综合性产业体系；其次，旅游市场具有一种与旅游业发展阶段相适应的旅游发展模式，强调旅游市场与其他产业间的开放性和互动性融合，谋求整合旅游市场系统整体效益的最大化和与整个社会——经济——生态系统的协调发展；第三，围绕旅游者的多元化需求，旅游市场通过对国民经济体系中的有关产业的组合形成有效的旅游市场供给，因此，与旅游者需求的多元化和多变性相适应，旅游市场边界呈现柔性变化的态势，其产业资源、产业要素、产业运营是围绕不断变化的需求动态组合。

（二）旅游市场的特征

第一，旅游市场具有柔性的产业边界。随着旅游市场的发展，旅游市场与其他相关产业的融合趋势增强。即在旅游需求日趋多样化的背景下，通过有关生产要素的组合进行适应现代旅游需求变化的功能提升，旅游市场与其他相关产业不断融合，并不断衍生出新产业，导致产业间的界限非常模糊，很难划分其边界，在传统的产业分类体系中也无法"对号入座"；并且，旅游市场资源、产业要素、产业运营围绕不断变化的需求进行动态组合，导致旅游市场边界存在巨大的柔性扩展空间，通过与其他产业间的协同效应、创新效应不断催生出新型的旅游业态，成为促进旅游经济发展的新经济增长点。从旅游活动的目的看，尽管旅游活动的主要目的是社会文化活动，但这种活动本质上是建立在一定经济基础上的，包括旅行、住宿、游览、审美、娱乐和体验等，离开了一定的经济活动是不可能实现的。从旅游活动的内容看，任何旅游活动都离不开食、住、行、游、购、娱等基本旅游要素，尽管对这些要素的需求程度不一样，但每次旅游活动过程都不可避免地包含了这些要素内容，或者说都是对这些要素的不同组合的消费。因此，现有研究中往往将住宿接待部门、交通运输部门、旅游业务组织、餐饮企业、游览娱乐企业、旅游购物企业以及旅游政府与行业组织等七个主体纳入旅游市场的范畴，涵盖了旅游"吃、住、行、游、购、娱"六要素。比如，王淼认为旅游市场是由旅游交通、旅游游览、旅游餐饮、旅游住宿、旅游购物、旅行社、娱乐及其他等部门形成产业网络。左冰（2007）

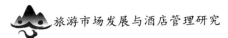

则识别了以旅行社业为核心产业、包括六大主体产业和 12 项辅助产业在内的轴轮状与网状相结合的混合型产业集群结构形态。

第二，旅游市场的边界较为模糊。从产业要素的角度来看，旅游业具有综合性的特征，包括吃、住、行、游、购、娱等六大要素，与国民经济的主要产业部门都紧密相关。如果就把这种综合性作为旅游业的产业特征，旅游业将变成一个包罗万象的庞杂的产业群体，无法把握其主体和边界，最终消解在相关的产业之中。因此，在国民经济体系中，旅游市场的有关内容建立于其他产业之上，通过将其他产业要素组合起来而构成自身的供应链，因此，很难把它"剥离"出来，导致旅游市场与其他产业边界的模糊性。从发展的视角来看，旅游市场的范围可以无限制地扩展延伸，与旅游相关的行业均可以纳入旅游市场的范畴，所以，在整个国民经济体系中，旅游市场的边界是相当模糊的，并且呈现出因地而异、因时而异的扩展特性。从旅游资源的供给看，旅游市场的边界可以无限延伸，当旅游活动从传统观光向休闲度假和体验旅游发展时，旅游资源已经不局限于名山大川等自然资源，一些社会资源、经济成就、产业活动、民情民风等均可以转化为旅游资源，成为吸引游客的旅游产品，如乡村旅游、工业旅游、科技旅游、节庆旅游、会展旅游、太空旅游等新型旅游产品的涌现。从广义来看，旅游资源供给具有无限性，旅游市场的边界可以无限延伸，具有广泛的外延。

第三，旅游市场体系具有开放性和动态性。旅游市场和其他产业间边界的模糊促进了产业创新，成为旅游市场体系改造自身的重要方式和手段。尤其是，在旅游市场体系中，分属于不同产业领域的市场主体通过产业融合等方式开发新产品，可以迅速地满足不断变动的多方面的旅游消费需求，获得更大的旅游经济效益。另一方面，旅游市场体系是一个开放式的产业体系，旅游市场链条上各企业主体共同构成产业之间、企业之间的联系网络，最终实现产业结构的优化和升级。同时，每个产业都具有相应的支持系统，一般而言，旅游市场体系的支撑平台可分为旅游市场体系运作平台、旅游市场体系组织载体和旅游市场体系资源支撑。其中，旅游市场体系的运作平台主要包括交通基础设施、政府政策支持、社会文化环境和市场竞争环境等，旅游市场体系组织载体则主要包括企业集团、产业集群等，而旅游市场体系资源支撑不仅包括资本资源、人力资源，还包括自然资源和环境资源的支撑，因此，为了合理和有效地利用自然和环境资源，旅游市场体系必须坚持可持续的发展原则。具体而言，针对旅游者不断变化的需求，旅游市场需要突破传统的发展模式，采用灵活多变的产业发展模式，随时根据生产者、合作者、供应者、销售者、顾客等各产业主体的变化进行调整。通过动态集成创新进行旅游的资源配置、旅游的产品开发、旅游的行业管理、旅游的企业组织和旅游的相关配套。由此，融合、协同、集群模式逐渐成为旅游市场发展的手段与形式，并且，通过旅游业与其他产业在功能、形态上的融合，旅游市场的外延得到了丰富，拓展了旅游市场的发展空间，逐渐形成一种不断适应内外环境变化并随之进化的动态发展模式，从而不断积累自身的发展潜力。

二、产业结构理论

经济分析的对象，大体经历了从个量分析—总量分析—产业分析的漫长过程，与此相对应，经济理论也经历了从微观经济理论的成熟到宏观经济理论的形成、再到产业结构理论的产生这一演进过程，因此，产业结构理论的产生与发展可以视为经济分析深入到产业结构层面的结果（苏东水，2000）。整体而言，该理论主要包括三次产业划分理论、产业结构演变理论和产业结构调整理论。

（一）三次产业划分理论

产业分类的标准和方法众多，如马克思的两大部类分类法；列宁的农轻重产业分类法；霍夫曼的三类产业分类法、三次产业分类法；以及生产要素集约分类法和标准产业分类法等。其中，三次产业分类法的应用最为广泛，该理论最初由费希尔（Fisher）于1935年提出，后经克拉克（Clark）的发展与完善、库兹涅茨（Kuzenets）的运用与推广，三次产业分类法逐渐成为在世界范围内通用的产业分类方法。

所谓三次产业分类法，就是把全部经济活动划分为第一产业、第二产

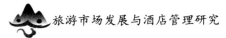

业和第三产业，其中，第一产业指直接作用于自然生产初级产品的部门，主要包括农业、畜牧业、林业、渔业和狩猎业；第二产业是指对初级产品进行再加工的部门，主要包括采掘业、制造业和建筑业等工业部门；第三产业是指为生产和消费提供各种服务的部门，主要包括电力、供水、金融与保险业、运输业、服务业、公务和其他公益事业等。

（二）产业结构演变理论

产业结构演变理论的主要代表人物有威廉·配第、克拉克、库兹涅茨、霍夫曼、钱纳里等人。

早在 17 世纪末期，威廉·配第（Willian Petty）就已经开始关注产业结构的演变问题。配第在其 1691 年著的《政治算术》中提到，由于各国产业结构不同，其国民收入水平也会产生差异。同时，由于农业、工业和商业的利润贡献是依次递增的，因此劳动力必然会从农业向工业转移，而当工业化基本完成以后，劳动力又会从工业转向商业（威廉·配第，1928）。配第的研究揭示了生产要素由低生产率产业向高生产率产业转移的内在规律。1940 年时，克拉克在配第研究的基础上，研究了不同收入水平下就业人口在三次产业中分布的变动情况，发现随着国民经济的发展，第一产业中劳动力所占比重逐渐下降，第二产业中劳动力所占比重则逐渐上升；随着国民经济的进一步发展，第三产业中劳动力所占比重也开始上升。由于克拉克认为上述发现仅是印证了配第提出的观点，因此该发现被称为"配第-克拉克定理"。

"配第-克拉克定理"仅说明了伴随着国民经济的发展，三大产业间劳动力相对比的重变化，而没有说明三大产业间国民收入相对比重的变化。库兹涅斯的研究则从劳动力和国民收入两个层面分析了产业结构变化的规律。在《各国的经济增长》中，库兹涅斯（1985）对 50 多个国家的截面数据和长期历史数据进行了分析，发现：第一，随着国民经济的发展，和第一产业中劳动力所占比例逐渐下降一样，第一产业创造的国民收入占全国国民收入的比重也在不断下降。第二，在工业化阶段，第二产业创造的国民收入比重和占用的劳动力比重都在提高，且前者提高的速度快于后者；但是在工业化后期尤其是后工业化时期，第二产业创造的国民收入比重和占用的劳动力比重则有不同程度的下降。第三，第三产业创造的国民收入占比和占用的劳动力比重持续处于上升状态，其中，在工业化阶段的中前期，劳动力比重的上升速度要高于国民收入比重的上升速度。库兹涅斯的研究表明，在整个工业化阶段，产业结构演变的规律表现为第一次产业对国民收入创造的贡献和占用的劳动力比重会逐渐向第二、三产业转移，但在不同阶段不同产业的表现并不相同：在工业化的中前期，第二产业是国民财富的主要创造者，第三产业则是吸纳劳动力的主要产业；到了工业化后期，第三产业既是国民财富的创造者，也是提供就业的主要场所。

在《工业化的阶段和类型》一书中，霍夫曼（Hoffmann）根据近 20 个国家的时间序列数据，分析了随着工业化进程的变化，制造业中消费资料工业和生产资料工业之间的比例关系的变化，并提出了"霍夫曼定理"：在工业化进程中，霍夫曼比例即消费资料工业净产值与资本资料工业净产值之比处于不断下降中。按照霍夫曼比例，工业化被划分为四个阶段，在阶段性演进中，资本资料的生产逐渐超过消费资料的生产而占据主导地位。前人的研究成果大多数是从经济发展与产业结构变动之间的关联出发，钱纳里则把产业结构理论进行了规范化和数学化，即通过对 51 个不同类型国家经济统计数据的计算，得到了根据有关人均收入的水平变化，制造业各部门相对比重变化的"标准结构"。结果表明，75%-80%的产业结构变动发生在人均国民生产总值从 100 到 1000 美元的范围之内，为判断不同经济体的产业结构和该地经济发展水平的匹配度提供了评价标准（钱纳里，1995）。此外，钱纳里还提出了产业结构变迁模型，并将经济发展阶段分为三个部分，每个阶段会出现特定形式的三次产业结构变迁。其中，第一阶段为初级产品生产阶段，农业等初级产品的生产占主导地位；第二阶段为工业化阶段，制造业快速增长，生产结构向制造业转移；第三阶段为发达经济阶段，服务业成为推动经济增长的主要部分。

（三）产业结构调整理论

产业结构调整理论的主要代表人物有刘易斯、罗斯托、郝希曼、弗农、筱原三代平、赤松要等人，相应的理论包括二元结构理论、主导产业理论、不平衡发展理论、产品循环理论、动态比较费用说和雁行理论等。

刘易斯（Lewis）于 1954 年发表了《劳动无限供给条件下的经济发展》一文，提出了用以解释发展中国家经济问题的二元经济结构理论模型，认为发展中国家存在着两种不同的经济体系—传统自给自足的农业经济体系和城市现代化工业体系，不同的劳动边际收益率使得农业人口不断向城市工业部门转移。依靠高劳动生产率和向流入劳动力支付较低的工资，城市工业部门获得了超额利润，并不断扩大工业部门以吸收农业部门转移的劳动力，直至农业部门和工业部门劳动生产率相等时，农业和工业并存的二元经济结构就转变为一元经济结构，并实现了工农业经济的平衡发展（陈广汉，2000）。

在 20 世纪 50、60 年代，罗斯托（1962，1988）先后发表了《经济成长的过程》《经济成长的阶段》和《主导部门和起飞》等著作，提出了"主导产业扩散效应理论"和"经济成长阶段理论"。根据技术标准，罗托斯把经济成长阶段分成了传统社会阶段、为起飞创造前提阶段、起飞阶段、成熟阶段、高额民众消费阶段和追求生活质量阶段六个阶段，认为在不同阶段起主导作用的产业部门有较大差异，且主导部门会通过回顾（指主导部门增长对为自己提供生产资料的部门发生的影响）、前瞻（指主导部门对新兴工业、新质量和新能源出现的诱导作用）和旁侧（指主导部门的成长对它周边地区在社会经济发展方面所起的作用）三种影响带动其他部门的发展（苏东水，2000），主导部门序列不可任意变更，任何国家都要经历由低级阶段向高级阶段发展的过程。

郝希曼在 1958 年出版的《经济发展战略》一书中指出，在发展中国家，由于资源的稀缺，全面投资和发展一切社会部门几乎是不可能的，只能把有限的资源投入某些行业，通过不平衡增长创造增长及带动区域的发展（郝希曼，1991）。

不平衡增长的途径则包括"短缺的发展"和"过剩的发展"两类，其中前者指先对直接生产资本投资，引起社会资本短缺使得直接生产成本提高，从而迫使投资向社会资本转移；后者指先对社会资本投资，降低直接生产活动的成本，促使人们对直接生产资本进行更多的投资，使二者达到平衡后再重复这一过程。

弗农（Vernon，1966）提出了产品循环理论，认为工业先行国的产业结构演变模式要与国际市场的发展变化紧密结合，并通过国际分工来实现本国产业的结构升级，从而实现产业结构的国际一体化。按照该理论，产品循环包括 4 个阶段：第一个阶段为新产品开发占领国内市场；第二阶段为出口产品开拓国际市场；第三个阶段为出口资本和技术，在国外市场生产产品；第四个阶段为把在国外生产的相对低价的产品返销回国内市场，即迫使工业先行国放弃该产品的生产而去开发、更新产品。

筱原三代平提出了动态比较费用说，其基本观点是产品的比较成本是可以转化的——虽然在某一时点即从静态的时间断面上看，有些产品或产业在国际贸易中处于劣势，但是从发展的角度看，这些处于劣势的产品或产业可能会转化为优势产品与产业，关键是要扶持那些有潜力的、对国民经济发展有重要意义的幼小产业，以促进后进国的发展（魏清泉，1994%）。

但是动态比较费用说只是从理论层面论证了后进国的幼小产业可以通过国家政策扶持而得到发展，并未提出具体的实现路径，赤松要的雁行理论着重解决了这一问题。雁行理论认为，后进国的产业发展应遵循"进口→国内生产→出口"的模式交替发展。该模式在图形上像三只大雁在飞翔，其中第一只雁是进口的浪潮，第二只雁是进口所引发的国内生产的浪潮，第三只雁是国内生产发展所促进的出口的浪潮。随后，雁行理论又被用于反映后起工业国实现工业化、重工业化和高度化的进程（邓伟根，2001）。

三、产业政策理论

产业政策是由于市场失灵和市场功能有限，国家或地区政府为了产业全局性和长期性发展，针对产业实体和产业关系而采取的关于产业成长、结构优化、产业布局和组织优化的政策法令（许明强，唐浩，2009）。经验表明，产业政策的制定和实施有利于弥补"市场失灵"的缺陷、促进产业资源的优化配置，有利于促进经济结构和产业结构的优化，实现跨越式发展。由于产业政策在内容上较为广泛，既包括产业结构政策、产业组织

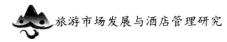

政策、产业布局政策和产业技术政策，还包括其他对产业发展有重要影响的法律法规，基于本书研究的目的，此处仅对产业结构政策理论和产业组织政策理论进行简述。

（一）产业结构政策

产业结构政策是指政府制定的通过影响与推动产业结构的调整和优化来促进经济增长的产业政策，其实质在于从推动产业结构的合理演进中，求得经济增长和资源配置效率的改善（赵玉林，2008）。产业结构政策可以分为三类，其一是产业间结构政策，其二是产业内部结构政策，其三是专门产业结构政策（史忠良，2005）。其中，产业间结构政策是关于各产业部门间比例关系的政策，其措施可以分为保守型措施和校正型措施两类。前者主要是指保持产业的竞争地位、保障企业的竞争能力，支持受到威胁的产业，创造正常的竞争条件等；后者主要指改变产业的市场地位，增加或减少市场份额等。产业内部结构政策旨在调整产业的内部结构，如企业规模、生产和革新、提高行业技术水平等。专门产业结构政策主要包括企业法规在内的政策措施、研究和技术政策措施，以及改善环境的保护措施等。

产业结构政策的基本目标主要包括两个方面的内容：第一，促进产业结构合理化；第二，促进产业结构的高度化。与此相对应，产业结构政策的形式可以归纳为产业调整政策和产业成长或援助政策两大类，且前者的目标是促进产业结构合理化，后者的目标则是促进产业结构的高度化（苏东水，2000；史忠良，2005）。

具体而言，产业调整政策的立足点是帮助衰退产业实行有秩序的收缩、转让，同时引导其资本存量向高增长率的产业部门有效转移，主要针对性措施包括加速设备折旧、市场保护与援助、促进转产、技术与经营支持和转岗培训等；产业成长或援助政策通常包括主导产业选择政策、战略产业扶持政策和幼稚产业保护政策等。

（二）产业组织政策

产业组织政策是指针对经济运作中可能出现的市场失灵，政府为了达到维护有效的市场竞争的目的而制定和采用的调整市场结构、规范市场行为的产业政策（芮明杰，2005）。其核心问题是解决产业内企业的规模经济效应与企业之间的竞争活力的冲突，使市场结构趋于合理，并获得最优的市场绩效（牛晓帆，2004）。大致来看，产业组织政策的具体目标可以分解为（芮明杰，2005）：企业能够达到并有效地利用规模经济，市场的供给主要由达到经济规模的企业承担，企业的生产能力得到充分利用；从较长时期来看，各产业的资本利润率是比较均等的；社会能够实现较快的技术进步；市场秩序得以维护等。同时，按照产业组织政策的途径和目标价值取向，可以把产业组织政策分为不同类型（表1-1）。

表 1-1 产业组织政策分类与策略

分类标准	类型	基本策略
政策实施的途径	市场结构控制政策	通过有效控制市场结构达到禁止或限制垄断和鼓励竞争的目的。
	市场行为控制政策	具体策略形式有降低市场进入壁垒、拆分垄断企业等，目的是有效控制企业的市场行为、制止不正当竞争行为和保护公平竞争的市场环境。
政策目标的价值取向	鼓励竞争和限制垄断的政策	不道德的商业行为目的是促进产业组织的有效竞争和保护市场公平竞争的环境，以获得良好的市场绩效。具体策略形式有反垄断策略、反不正当竞争政策等。
	发挥规模经济和专业分工经济功能的政策	目的是限制过度竞争，具体策略形式有企业兼并政策、企业联合政策、直接规制政策、中小企业政策等。

四、优势理论

优势理论流派众多，和产业结构优化理论关系密切且系统化较强的优势理论包括比较优势理论、竞争优势理论、后发优势理论和制度优势理论

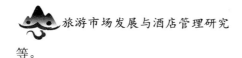

等。

（一）比较优势理论

比较优势理论是相对于绝对优势理论而言的，且可以归类为静态比较优势理论和动态比较优势理论。其中，绝对优势理论源于亚当·斯密的《国富论》，认为一国在国际贸易中应该集中出口生产成本具有绝对优势的产品，进口生产上占劣势的产品。静态比较优势则是指现时的比较优势，认为比优势的源泉是要素禀赋的差异；动态比较优势是指转化中的比较优势，认为要素组合成生产的能力和价值实现的能力，如技术、管理优势、营销网络优势、生产网络优势、制度优势及基础设施条件等，也是比较优势的的源泉。

李嘉图、Heckscher 与 oblin 是静态比较优势理论的代表人物。其中，李嘉图认为，决定国际贸易流向及其利益分配的不是绝对成本低廉而是相对成本低廉，一国并不一定要在某种产品生产成本上占据绝对优势，只要集中生产并出口具有比较优势的产品，进口其处于比较劣势的产品，该国就能够从国际分工和交换中获取比较利益。Heckscher 和 oblin 的要素禀赋理论（简称 H-O 理论）进一步解释了李嘉图所说的比较成本存在差异的原因，即在不同国家同种商品生产函数相同的情况下，比较优势产生的根源在于各国生产要素相对禀赋的差异，以及不同商品生产在要素使用密集形式上的差别。因此，各国应当生产出口那些密集使用本国相对充裕要素的产品，而进口那些密集使用本国相对稀缺要素的产品。

但"里昂惕夫之谜"（theLeontief Paradox）则表明对比较优势的依赖可能会形成"比较优势陷阱"，随后一系列新贸易理论逐渐兴起，并大量运用产业组织理论和市场结构理论解释国际贸易流动(李晓钟，2004)。同时，为了弥补静态比较优势理论将比较优势固定化的缺陷，日本学者 Dniki 和 Uzawa 把 H-O 理论动态化，认为比较优势不能被看成是既定的一成不变的，而是随着资本积累和技术进步而发展。这样，随着时间的推移，一国旧的比较优势将逐步丧失，新的比较优势将不断产生，当一国的比较优势发生变化之后，其产业结构和贸易结构也随之改变（侯高岚，2005）。此外，Krugman、Grossman 与 Helpman 等学者也是动态优势理论的代表人物，其中 Krugman（1987）通过引进边干边学，考察了比较优势的动态演变，认为可以通过政府适当的产业政策和贸易政策逐渐培养一国的比较优势；Grossman 与 Helpman（1989）在"两个国家、两种生产要素、两种商品"模型中加入了企业的研发行为，发现当企业研发成功时，该国就可以在新产品上获得比较优势，而随着创新行为的变化，各国的比较优势也会发生动态的变化。

（二）竞争优势理论

竞争优势理论流派众多，在该领域，迈克尔·波特（M.E.Porter）的竞争优势理论是公认的集大成之作（林毅夫，李永军，2003），并先后出版了《竞争战略》《竞争优势》和《国家竞争优势》三部著作，受学术研究历程的影响，其竞争优势说明了企业、产业与国家竞争优势之间的联系。其中，《竞争战略》阐释了企业获取竞争优势的 3 种战略：成本领先战略、差别化战略和目标集聚战略，并将其分析框架的终极目的定位在解释企业相对于直接和潜在对手的超额利润率的可持久上（马浩，2010）。《国家竞争优势》则构建了影响国家兴衰的"钻石体系"模型，该模型表明，一个国家的竞争优势取决于 4 种核心要素：生产要素、需求条件、相关与支柱性产业、企业战略与企业结构及同业竞争。生产要素包括初级的生产要素和被创造出来的生产要素，其中，前者指自然资源和一般的人力资源，后者则指通过创新活动创造出来的高级生产要素，如知识资源、资本资源、现代化的基础设施等；需求条件则包括国内需求的结构、市场大小、需求的质量等；相关和支持性产业为企业在经营中获得上下游产业支持；企业战略、结构与同业竞争则包含企业的经营理念、经营目标以及同行业之间的激烈竞争形成的压力等。概括而言，波特认为竞争力来源于培养高级要素，即创造、升级专业化的要素；竞争力来源于集群；竞争力来源于企业的战略和激烈的竞争；竞争力来源于苛刻的市场需求（李钢等，2009）。此外，政府的影响和机会的出现则是影响上述 4 种因素作用的另外两种因素。

（三）后发优势理论

后发优势理论源自传统的比较优势理论，特别是李斯特的关税保护理

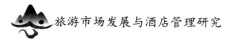

论和刘易斯的进口替代理论（侯高岚，2005；方忠，2009），但首次使用后发优势一词来表述后进国家对先进国家追赶潜力的则是美国经济史学家亚历山大·格申克龙，他在对 19 世纪欧洲较为落后国家的工业化进程进行分析时指出"一个工业化时期经济相对落后的国家，其工业化进程和特征在许多方面表现出与先发国家的显著不同"。相关的主要理论包括 Abramovitz 的追赶理论，Brezis 和 Kugman 的蛙跳模型，R. Van Elkan 的技术经济趋同论等（黄建康，2010）。其中，追赶理论始于"追赶假说"，即一国经济发展的初始水平与经济增长速度呈反关比系，但后发优势的潜力能否转变为现实的条件是：后发国家与先发国家有技术差距；后发国家与先发国家通过教育等形成了不同的技术能力；环境因素为经济追赶的机遇或阻碍。蛙跳模型指在技术发展到一定程度，本国已有一定的技术创新能力的前提下，先发国家的技术水平可能会因为技术惯性而被锁定在某一范围内小幅度的变化，此种情况下，后进国家可以直接选择和采用某些处于技术生命周期成熟前阶段的技术，以高新技术为起点，在某些领域和产业实施技术赶超，从而超过原来的先发国家。技术经济趋同论则强调了南北国家之间经济发展的趋同，即经济欠发达国家可以通过技术的模仿、引进和创新，最终实现技术和经济水平的赶超。林毅夫（2003）则把后发优势理论的主要内容简洁地归纳为：发展中国家收入水平、技术发展水平、产业结构水平与发达国家有差距，可以利用这些差距，引进技术来加速技术变迁，从而使经济发展得更快。

（四）制度优势理论

国家竞争优势并不仅体现在企业或产业层面，也包括政府之间的竞争。相对于微观形态的企业之间的物质、技术效率竞争而言，宏观形态的政府之间的竞争则表现为一种制度竞争，取得一种制度优势是这种竞争形态的中心（张小蒂，王焕祥，2003）。对于制度，诺斯（1994）将其定位为一系列被制定出来的规则、守法秩序和行为道德、伦理规范，它旨在约束主体福利或效应最大化的个人行为，具体包括政治制度、经济制度等正式制度，和价值观念等普遍道德式的非正式制度。在制度经济学领域，其结构框架主要包括四个方面：合理产权安排、降低交易成本、规范游戏规则、重构组织体系（汪洪涛，2009）。其中，所谓产权是指人们拥有的对资源的用途、收入和可让渡的权利，它规定了经济主体在社会中的地位与权利结构，并在一定程度上会影响到法律的结构，进而对社会的制度结构产生影响，是所有社会活动的基础和目的。降低交易成本是所有有理性的经济主体的合理选择，也是制度变迁的基本要求；游戏规则则是具体的制度安排以及与此配套的社会成员的行为规范，规范性的游戏规则对社会的发展是不可或缺的，可以规定社会发展的方向；组织的构建就是为了有效地对活动过程加以控制，以求交易能够顺利地、低成本地施行。这些宏观层面的制度优势不仅影响了原材料、投资品和劳务的供给能力，同时对企业的竞争行为及其绩效产生了不同的约束和激励作用，因此，国家竞争优势，一方面表现为企业参与国际竞争而建立起来的技术效率优势，另一方面，则在于政府是否能够提供一套有效约束与激励的制度体系（张小蒂，王焕祥，2003）。

（五）优势理论之间的联系

比较优势理论、竞争优势理论、后发优势理论和制度优势理论具有一定的内在联系性。

其中，就比较优势和竞争优势的关系而言，竞争优势理论的追随者往往将竞争优势与比较优势看作是两个相互对立的范畴，或者认为提出竞争优势的目的就是为了取代比较优势理论，但是事实上比较优势与竞争优势的内在联系较为紧密。遵循比较优势，充分利用现有要素禀赋所决定的比较优势来选择产业、技术、生产活动，是企业和国家具有竞争力的前提，而且，也是更为"高级"的生产要素的必要条件、是同业之间产生最大市场竞争压力的必要条件、是具有良好发展前景的产业集群出现的条件（林毅夫，李永军，2003）。就比较优势与后发优势的关系而言，从根源看，后发优势理论源自传统的比较优势理论（侯高岚，2005；方忠，2009）。虽然在早期后发优势和比较优势的来源、涉及范畴、作用机制有明显差异，但随着理论的演进，后发优势理论从过去的一味强调后发优势的特殊性，逐渐转向以比较优势为基础的后发优势提升，两种理论呈现为相互支持、相互印证的趋势（聂华林，杨坚，2009）。而欠发达国家要以最快的速度来提升自己的技术水平，就必须向发达国家引进技术，并按照本国的资源禀赋所决定的比较优势从发达国家引进适宜的技术（林毅夫，张鹏飞，2005）。同时，后发优势作用的发挥，也有赖于竞争优势的创造，当然，这种竞争优势离不开技术模仿或技术创新（刘茂松等，2007）。此外，在经济系统内，制度优势和禀赋优势也是相互作用、密不可分的，并共同构成了综合比较优势，而通过制度创新降低交易成本，是一国增强比较优势的重要途径（杨青龙，2013）。

五、区域旅游市场系统的相关理论

（一）系统论

旅游现象是一种地理、文化、社会、经济现象，旅游业涉及众多影响因子。

区域旅游业产生、发展之时，即是区域旅游系统运行开始之时，旅游地参与区域旅游竞争之始。从地理角度来说，旅游系统表现为旅游客源地与目的地间通过一定通道的双向流动。从功能的角度来说，旅游系统有六要素论、四分法，其中"六要素"即通常所说的吃、住、行、游、购、娱，四分法指旅游系统由旅游客源地系统、旅游目的地系统、出行系统、支持系统等四个子系统构成；从动力机制角度来说，旅游系统由需求推动系统、引力系统、中介系统、支持系统共同构成旅游发展的动力系统；从关系系统角度来说，旅游系统由旅游服务系统、旅游服务后援系统、旅游保障系统、旅游调控系统、旅游资源系统、旅游客源系统有机结合而成（梁雪松，2009）；从输入与输出角度来说，旅游系统由市场系统、旅行系统、目的地系统、营销和支持系统五个分系统构成，输入部分由旅游花费、员工技能、企业创造性、规划与投资构成，输出部分由满足、报酬、利润、区域积极影响构成；从控制论角度来说，旅游系统又表现为一个多输入、多输出、多控制变量的递阶控制系统。本书将旅游市场视为一个系统，并据此展开对旅游市场潜力的研究，用系统的方法来对其影响因素进行归纳分类，在此基础上构建评价指标体系。系统是由相互联系、相互作用的诸元素组成的，具有特定功能的有机整体。系统是普遍存在的，系统论是研究自然、社会和人类思维领域以及其他各种系统、系统原理、系统联系和系统发展的一般规律的学科。系统论的核心思想是系统的整体观念，即从整体出发来研究系统整体和组成系统整体的各要素之间的关系，把握系统的整体性，达到最优化目标。其基本思想是将所研究和处理的对象当作一个系统，分析系统的结构和功能，研究系统、要素、环境三者的相互关系和变动的规律性。

旅游市场本身就是一个复杂系统，涵盖了众多关联要素。而旅游市场的发展潜力研究即是将其作为一个复杂系统，找出各类影响因素，构建旅游市场发展潜力系统，在对系统结构分析的基础上构建旅游市场发展潜力的评估模型。如郭亚军（2002）对区域发展潜力进行了比较系统的研究，从区域复合系统的角度分别对发展潜力和区域发展潜力进行了界定，认为发展潜力由人力资本、资源、环境、经济、科教及管理调控等子系统构成，并在此基础上构建了区域发展潜力测评体系，以 H 市为例检验了该评价体系。贾晓霞，杨乃定（2003）也从复合系统的角度，对区域可持续发展潜力的评价问题进行了研究。

（二）生命周期理论

产业生命周期的一般形态可以称之为 S 形曲线，发展历史中的不同阶段一般可以划分为形成期、成长期、成熟期和衰退期（或蜕变期）。这四个阶段的划分，只是表现产业发展的一般长期趋势，而不表现各个阶段的具体时间。对于不同产业，生命周期所经历的阶段以及各阶段延缓时间的长短往往不同，分为漫长型、快速型、夭折型和突变型四类产业生命周期。对于产业生命周期各个阶段的识别，一般从三个角度进行分析：一是产出的变动，二是投入的变动，三是投入产出效果。判断产业生命周期的方法也主要有三种：拟合曲线分析法、计算判断法和经验对比法。

旅游市场作为一新兴产业，目前所处于生命周期的哪个阶段，将会是影响其竞争力及未来发展潜力的重要因素，因此在研究之初就应该明确它目前的发展阶段，将其作为其竞争力及潜力判断的基点。针对生命周期的发展阶段判断发展潜力的空间，再进而根据发展潜力在不同阶段的表现进

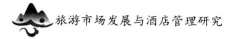

行分类与特征描述，从而提出针对性的潜力发展对策。如王惠芬，邹银煌等（2003）对企业发展潜力在企业活动和过程层次进行测量，针对企业生命周期的发展阶段划分企业的发展潜力等级为初始级、可重复级、可定义级、可管理级、可优化级，建立了测量发展潜力的关键活动领域和能力指标。

六、产业竞争力的相关理论

（一）古典贸易理论与旅游市场潜力

1. 比较优势理论

它是国际贸易理论中的一个经典理论。18 世纪古典经济学创始人亚当·斯密的绝对优势理论是比较优势理论的源头，19 世纪古典学派代表人物大卫·李嘉图提出了比较成本理论为比较优势理论的发展提供了基础。大卫·李嘉图认为，不论一个国家的经济处于怎样的状态，经济力量是强是弱，技术水平是高是低，都能够确定各自的相对优势，技术总体上处于劣势，也可以从诸多劣势中找到相对优势，也就是说，各国在某种产品生产上都存在相对优势，也可以从诸多劣势中找到自己的相对优势进行产业生产，然后彼此之间进行交换，这样两个国家都能获得比较利益。比较优势是商品的相对价格差异，是国际贸易产生的基础。

通过李嘉图的比较优势理论似乎能够说明一个区域的旅游市场的竞争力是来源于具有相对优势的产业，但究竟是具有竞争力的产业具有生产成本上的优势，还是在成本上具有优势的企业才能具有竞争力？该理论并未给出清晰的论证。同时，该理论是以同质劳动这一单一要素为基础的，把相对成本差异仅仅归结为商品生产中的劳动生产率的差异，这与现实不符，而且没有解释比较成本产生的原因。因此，比较优势理论仅能够为旅游市场潜力的研究提供一种思路上的启示，但无法成为完整的理论基础。

2. 要素禀赋理论

20 世纪新古典学派赫克歇尔（Heckscher）和俄林（Ohlin）提出要素禀赋理论，进一步丰富了比较优势理论。要素禀赋理论解释了比较成本产生的原因，认为不同国家的技术大体相同，但他们的资源禀赋不同， 即在土地、劳动力、资本以及自然资源等要素方面存在差异，这种差异就决定了贸易的流动，供给量较丰富的要素相对价格较低，密集使用这一要素的产品的相对成本也低；而供给量较稀缺的要素相对价格较高，密集使用这一要素的产品的相对成本也较高，从而，各地区在密集使用其拥有量丰富的要素产品中具有比较优势。要素禀赋理论与李嘉图的比较优势理论在旅游业中的运用的基本观点相通，即是强调资源禀赋条件。从比较优势理论角度出发，不同旅游目的地的自然和人工禀赋条件，包括人力资源、自然资源、知识资源、资本资源等，存在差异性，而这种差异性的存在决定了目的地相关产业的发展方向，促使旅游业利用具有比较优势的资源来发展具有比较优势的产业部门，从而形成不断积累自身的产业潜力。从另一个角度来说，由于这种差异所形成的不同区域的发展方向也就决定了游客的流向。区域旅游市场的价值必须通过旅游者的流动和相应的消费实现，所以旅游者的流向以及目的地旅游者的多寡在一定意义上反映了旅游目的地的竞争力，也就是说比较优势理论可以用于目的地竞争力的评估测度。需要特别说明的是，在比较优势理论的框架下，区域旅游市场的资源禀赋是一个广义的概念,不仅仅指一般意义上的自然人文资源以及各类旅游景观，而是指涵盖所有能够满足旅游需求的资源条件。该观点 Melidn-Gonzdlez 早年发表的Competitive Potential of Tourism in Destination 中有所论述，他认为资源禀赋理论决定了一个特定地理区位上发展某种产业的潜力，而他所指的特定地理区位就代表了目的地所拥有的资源以及使其能够开展特定经济活动的各类要素。所以旅游目的地需要在维护和创新资源、改善基础设施、保护环境、发展人力资源等方面做出持续的努力，这样才能提升自身的潜力。

3.人力资本论

人力资本的概念来源于人力资本理论，是与舒尔茨（Shultz）和加里（GaryS.Becker）在 20 世纪 60 年代提出的，它突破了传统意义上的资本内涵，把资本扩大为物质资本和人力资本。美国学者基辛认为，劳动不具有同质性，作为生产要素的劳动力所具有的劳动技能存在巨大的差别。工人的劳动技能、知识水平、业务能力等通常是通过教育和培训等途径获得和提高的。因此，在教育、培训方面的投资就如投入生产的有形资本一样会不断地取得效益。这种效益也是一种资本，被称为人力资本，它体现在劳动者身上的技能与知识存量，这是自 18 世纪 60 年代工业革命以来，机器设备取代劳动力之后，劳动对资本主导地位的再次取代（刘克逸，2001）。由此可知在各种基本生产要素中，人力资本为决定区域旅游市场发展能力的关键因素，并成为产业潜力的重要来源。

4. 技术差距论与技术创新论

威尔斯（Wells）的"技术差距"贸易理论认为，技术水平的不同在决定产业竞争优势上发挥着关键作用。在企业具有技术领先优势的特定行业中，技术水平决定着国家的出口结构，一旦技术扩散、差距缩小，出口就下降。这与李嘉图的理论中关于生产率差异决定贸易、技术差异决定劳动生产率的观点是一脉相承的。技术差距论所对应的是美籍奥地利经济学家熊彼得所提出的技术创新论。他在《经济发展新论》里首次提出了创新的概念，并将其定义为一种新的生产函数，把一种从来没有过的关于生产要素和生产条件的新组合引入生产体系。他认为，在不存在创新的情况下，经济处于"循环流转"的均衡状态，则简单循环的均衡状态因创新的出现被打破，而所谓的经济发展就是整个社会不断地实现这种组合。技术差距和技术创新理论作为产业竞争力来源的解释同时也是产业组织论新的研究成果，在产业竞争力的应用中更加注重需求条件、技术机会、可专用性条件等产业特性和市场力量对技术创新影响的研究。

（二）波特的产业竞争力相关理论

1. 钻石模型和竞争优势理论

对产业竞争力概念的研究，目前运用最为广泛的是美国迈克尔波特教授由 20 世纪 80 年代初所提出的产业"竞争力理论"，即"钻石"理论。该理论详尽地阐述了产业竞争力的定义、影响因素、动力模型以及评估标准。波特的一个基本观点，是把产业定义为生产直接相互竞争的产品或服务的公司之集合，这样定义的产业所包括的产品，其相对竞争优势的来源都相似。在给出产业定义的基础上，波特"钻石"理论认为，一国的特定产业是否具有竞争力取决于四个基本因素：

一是生产要素，包括人力资源、自然资源、知识资源、资本资源、基础设施等，其中，需要特别强调的是"要素创造"，而不是一般的要素禀赋；二是需求条件，包括市场需求的量和质（需求结构、消费者的行为特点等）；三是相关与辅助产业的状况；四是企业策略、结构与竞争对手。此外，政府和机遇是两个不可或缺的因素。这六要素构成了该理论最基础、最核心的"钻石"图形，为产业竞争力的研究提供了颇具价值的分析范式。当然，波特教授的范式也不是完美无缺的，而且对于不同的国家和不同的经济发展阶段，分析范式也未必适用。但一国若想增强某一产业的国际竞争力，钻石理论分析范式中所提及的六大因素是非常有效的突破口，也就是说，通过改善外在因素从而提高产业内外经济环境质量，可以使本国产业获得竞争力的提升。

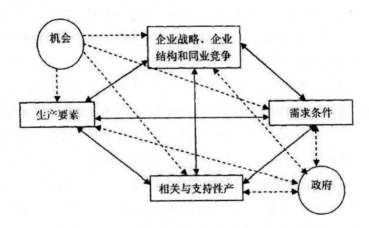

图 1-1 波特的国家竞争优势的"钻石模型"图

从经典的钻石模型来看，一国特定的产业是否具有国际竞争力，取决于该产业的要素条件、需求条件、公司战略、结构与竞争、相关产业与辅助产业、机遇与政府行为这六个要素的组合与相互作用过程。其中前四个因素是影响产业国际竞争力的决定因素，他们构成了产业国际竞争力的来源，是为提高产业竞争力而针对产业或者企业提出的，它作为产业内部要素的积累对产业潜力的提升也具有重要的影响。

在这一系列的理论学说中，比较优势理论与竞争优势理论是众多研究

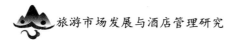

旅游市场竞争力的学者所普遍认同与运用的。在早期的相关研究中，旅游市场的资源与产品被视为其竞争力强弱的决定因素，针对这一现象，迈克尔·波顿的竞争优势理论给出了更加适当的分析框架，并逐渐成为旅游目的地竞争力研究的主导理论。从经典的钻石模型来看，竞争优势理论将资源禀赋以及发展资源的能力融为一体，并且明确指出竞争力主要是源自发展和有效利用资源禀赋的能力，例如模型中提出了公司战略、结构与竞争、政府行为等要素就意味着有效利用各类要素条件的能力。这也就是说一个拥有丰富资源禀赋的目的地很有可能不如一个缺乏资源的目的地更具竞争力，其竞争力取决于哪个目的地更能发挥资源优势而避免劣势。从这个角度来看，竞争优势理论有效弥补了比较优势理论单从资源禀赋的差异分析竞争力的弱点，进一步揭示了竞争力的内涵。以竞争优势理论为基础，旅游市场竞争力的形成不再局限于资源特性的比较优势，而更强调了管理因素在产业竞争中的作用；也更强调了区域旅游市场在竞争市场上的动态发展能力，为提升产业竞争力提供了路径与空间。相关研究表明，区域旅游业利用发展资源的能力可以归纳为以下几个方面：

首先，基础设施发展程度是旅游市场竞争优势得以加强的重要因素。旅游市场是为旅游者提供综合服务与产品的体系，区域旅游市场的基础设施，如交通、金融、通信等，关系到旅游者在目的地的正常活动，而如果目的地基础设施比较优越，那么其竞争优势就会得到加强。

其次，旅游企业活力影响着旅游市场的竞争力。从供给角度看，旅游企业的运作能力越强，投资越大，技术效率越高，那么区域旅游市场的相关项目建设就越快，其产业发展水平也就越高。相应的这样的区域旅游市场在满足旅游者需求方面的能力也就越强。

第三，旅游市场管理部门的管理效率间接影响着目的地竞争力的高低。旅游市场是一个综合系统，对宏观环境有很强的依赖性。一方面，相关的资源开发、营销以及行业管理涉及的众多管理部门与组织，需要旅游管理部门进行有效的协调。另一方面，旅游目的地是通过资源的组织与各种设施供给来满足旅游者需求的，资源与设施具有准公共性和非标准化种的特点。

第四，

第五，只有具有权威性的主管部门才能解决开发、建设和管理中的矛盾。

2.产业成长四阶段学说

产业竞争力"成长四阶段学说"是波特教授关于产业竞争力理论的另一重要贡献。该学说认为产业竞争力的成长阶段大致分四个依次递进的阶段：要素驱动阶段、投资驱动阶段、创新驱动阶段和财富驱动阶段，其中前三个阶段属于产业国际竞争力的上升时期，后一个阶段属于衰落时期。

（1）要素驱动阶段

在此阶段，产业国际竞争优势得益于某些基本的生产要素，如拥有丰富的自然资源。

（2）投资驱动阶段

在此阶段，产业国际竞争优势的确定以国家及其企业的积极投资意愿和能力为基础。

（3）创新驱动阶段

在此阶段，企业不仅运用和改进从其他国家获得的技术，而且要运用创造和发明新的技术。技术创新成为使产业国际竞争力提高的主要动力。

（4）财富驱动阶段

此阶段是产业国际竞争力衰落的时期，其驱动力是已经获得的财富。

七、产业可持续发展的相关理论

（一）可持续发展理论

可持续旅游发展理论对旅游市场发展潜力评价体系的构建具有指导意义，在其建立过程中应遵循可持续旅游发展思想，使旅游市场与生态环境、社会、经济相协调。可持续旅游发展是在可持续发展概念的基础上提出的，1990年在加拿大温哥华召开的全球可持续发展大会文件《可持续旅游发展行动战略》将"旅游可持续发展"概念界定为是"在保持和增强未来发展机会的同时，满足外来游客和旅游接待区当地居民的需要，在旅游发展中

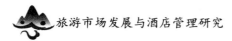

维护公平，对各种资源进行指导，以使人们在保护文化的完整性的过程中，保护生物多样性和生命持系统，完成经济、社会和美学需要"，其关心的是旅游活动的长期生存与发展，强调的是旅游活动优化的行为模式。可持续旅游发展的核心思想是建立在经济效益、社会效益和环境生态效益和谐统一的基础上的，即使人们的旅游需求得到满足，个人得到充分发展，又对旅游资源和环境进行保护，使后人具有同等的发展旅游的机会和权利。

可持续旅游发展理论对旅游市场潜力与竞争力评价体系的构建具有指导意义，在其建立过程中应遵循可持续旅游发展思想，使旅游市场与生态环境、社会、经济协调发展。

（二）木桶理论

木桶理论原理很简单：一个由若干木板构成的木桶，其容量取决于最短的那块木板。对一个组织而言，构成组织的各个要素类似于一个木桶的若干木板，而组织的能力有如木桶的容量，取决于组织中最弱的要素。那么对于一个产业的发展而言，各类影响产业发展的要素即是若干块木板，而产业目前的发展能力取决于这些影响因素中最弱的那一个，而未来的发展潜力仍取决于未来最弱的那类影响因素，如果要实现未来潜力的增长，就需要分析最短的"那一块板"，使该板能够最优地发挥其效用，从而促进旅游市场的最优化发展。

在旅游市场潜力与竞争力的研究之中，需要以此理论为基础，区分旅游市场潜力与竞争力影响因素中的短板因素，并进行相应的提升措施以达到旅游市场潜力与竞争力最大程度地优化。陈红（2006）运用木桶理论，从消费者对森林旅游的偏好分析入手，讨论旅游产品的短板所在，并导出森林旅游市场的需求模型。

八、制度创新优势理论

以诺斯为代表的制度创新竞争力优势理论认为，竞争力主要来自通过制度创新，营造促进技术进步和经济潜能发挥的环境。一个提供适当个人刺激的游戏制度是经济增长的关键，制度是促进经济、技术发展和创造更多财富的保证。诺斯认为，有效的组织是制度创新的关键，而制度创新往往是经济增长方式或者经营管理方式革新的结果。制度创新之所以能够推动经济的增长是因为一个效率较高的制度的建立能够减少交易成本，减少个人利益和社会利益之间的差异，激励个人和组织从事生产性活动，使劳动、资本、技术等因素得以充分发挥其功能。

在资源禀赋意义逐渐减退的情况下，竞争力优势理论的研究转向更深入的体制层面，其代表是世界经济论坛（WEF）和瑞士洛桑国际管理学院（NVID）的观点，他们认为竞争力是指一国的企业或企业家在目前和未来的时间内，在各自的环境中以比他们国内外的竞争者更具吸引力的价格和质量来进行产品与服务的设计、生产和销售的能力，或认为竞争力是指一个国家或一个公司在世界市场上均衡地生产出比其竞争对手更多财富的能力。这一观点切合的诺斯对制度变迁在经济增长中的作用的论证，他认为无论是制度变迁还是技术进步，在推动经济增长中都具有相似性，其表现都是推动经济利益的最大化，只不过是创新的行为主体不同。在此意义上，制度已经不再是经济增长的外生变量，而是决定经济增长的一个不可或缺的因素，是最根本的因素，通过制度创新可以营造技术进步和经济潜能发挥的环境，从而促进竞争优势的形成和经济的发展。

上述理论涉及对旅游市场的系统论述和对产业竞争力来源的阐释，涉及区域经济、国际贸易、技术经济、制度经济等多个学科领域，从不同的角度和侧面解释了产业竞争力的来源并反映了对竞争力理论探索不断深化的过程，这也为旅游市场潜力的研究提供了理论的启示与借鉴，为下文构建理论分析框架和展开实证分析提供了理论基础。

第二节 酒店行业发展状况

一、我国酒店行业长足发展

随着我国社会经济的快速发展以及人民生活水平的不断提高，人们的消费观念和生活习惯出现了巨大的变化，人们对旅游的需求越来越旺盛，酒店作为旅游业中吃、住、行、游、购、娱六大要素中的首要两要素，得到了长足的发展。中国的酒店行业在历经了改革开放几十年的发展之后，行业内部逐渐规范，酒店数量、客房数量、床位数量以及营业收入等方面都取得了长足的进步。根据国家文化和旅游部全国星级饭店统计公报，2000年我国星级饭店数量6029家，客房数量59.46万间，床位数114.48万张，全年营业总收入603.71亿元。2019年我国星级饭店数量9861家，比2000年多3832家；客房数量142.05万间，大约是2000年的3倍；床位数248.28万张，与2000年相比翻了一番；全年营业总收入2027.26亿元，超出2000年营业总收入1423.55亿元之多。此外，我国四星级、五星级等高星级饭店的发展更加迅速。根据全国星级饭店统计公报数据，2000年我国有五星级饭店117家，客房4.52万间；四星级饭店352家，客房8.49万间。2019年我国五星级饭店数量达到了800家，客房27.46万间；四星级饭店2363家，客房47.01万间。2019年的各项数据均是2000年的大约7倍之多。同时我们也应该注意到在中国酒店业快速发展的过程中，不断地出现新的问题，不断经历着考验，这样的情况，也刺激着中国酒店行业不断创新、排除万难、快速发展。

二、市场竞争日趋激烈

近年来，我国旅游业全面繁荣发展。根据《"十三五"旅游业发展规划》相关数据，2015年，旅游业实现总收入4.13万亿元，年均增速165%，对国民经济的综合贡献度达到10.8%。伴随着旅游业的快速发展，中国的酒店业也取得了突飞猛进的巨大发展，根据2017年中国星级饭店行业发展研究报告，我国的星级饭店、经济型饭店、精品饭店、民宿和社会旅馆等数量总和达到了近160万家之多。据文化和旅游部网站数据，截至2019年末，全国9861家星级饭店，拥有客房142.0万间，床位248.3万张；拥有固定资产原值5174.5亿元；实现营业收入总额2027.3亿元。由此可见，酒店业发展至今数量和规模不断壮大，再加之世界众多顶级知名品牌酒店管理集团纷纷进军国内酒店市场，中国酒店业已逐步形成国内市场国际化和国际竞争国内化的局面，酒店竞争愈发激烈，整个行业进入了微利时代，面临着严峻的挑战。

第三节 旅游市场与酒店行业关系

近年来，国家对于旅游市场的重视程度不断增加。旅游市场在得到有效发展的同时也暴露出一系列的问题：如旅游产品单一，旅游接待设施与旅游业发展速度不相适应等。作为一个综合性的经济产业，旅游市场结构的调整不仅会影响旅游市场的整体经济增长，与此同时，也必将对与旅游市场相关的酒店、餐饮以及交通运输等行业的发展产生巨大影响。因此，优化产业结构、推动行业发展成为时代发展对于旅游行业提出的必然要求。

近年来，随着我国旅游市场的飞速发展，酒店行业在整个旅游市场中的地位也越来越显著。因此，对于我国酒店行业的发展而言，其如何能够在旅游市场结构不断优化的时代背景下抓住发展契机，不断完善行业规范，实现更好的发展前景，是当前酒店行业发展的关键所在。

根据相关资料显示，在 2008 年以前，中国酒店行业发展竞争最为激烈的领域集中在豪华酒店领域。近年来，随着旅游业的飞速发展，在二星酒店市场以及经济型酒店市场上占据绝对优势的本土酒店发展迅猛，成为旅游市场不可或缺的重要组成部分。旅游市场的火热发展推动了酒店需求的增长，而随着旅游市场结构的不断优化，未来我国也必将吸引更多优势的酒店管理集团进入，酒店行业的发展十分看好。

在旅游市场结构优化的时代背景之下，酒店行业的发展成为业界所关注的焦点。本书通过对旅游市场结构优化下酒店行业现状的分析，总结出当前酒店业在发展过程中存在的问题，同时针对其所存在的问题提出了解决方案，并对酒店行业的发展前景进行了阐述。

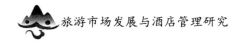

一、旅游市场繁荣背景下酒店行业发展

（一）我国酒店行业发展现状分析

从当前我国酒店行业的发展来看，酒店集团间联合兼并、强强联合渐成趋势。此外，酒店在发展过程中也越来越重视品牌的力量。尤其是在旅游市场得到有效发展的今天，对于一些经济型酒店而言，其品牌优势开始逐步显现。

（二）我国酒店行业在旅游市场中的地位

随着旅游市场的不断发展，旅游开始成为一种习惯性的休闲方式进入到百姓生活中。因此，对于我国的旅游市场而言，酒店是其不可或缺的重要组成部分，在整个旅游市场发展中占据十分重要的位置。未来，度假型酒店也必将成为旅游市场结构优化背景之下的新发展趋势。

（三）我国酒店行业在发展过程中存在的问题

我国酒店行业的发展始于 20 世纪 80 年代初，迄今为止已经有将四十多年的发展历史。在长期的发展过程中，应该承认我国的酒店行业已然取得了一定程度的进步，但也存在着一些亟待解决的问题。

首先，酒店管理方式有待改进，这一点在我国本土酒店的身上体现得尤为明显。在酒店行业的发展历程中，虽然目前我国各种本土酒店发展态势迅猛，但其在管理体系上并未形成相对成熟且有效的管理模式。

其次，酒店管理人才缺乏。酒店行业在我国的旅游市场结构中虽然占据了很大的比重，但从整个人才体系上来看，有缺乏专业化酒店管理人才、人才结构不合理等问题。

第三，忽视企业文化建设。任何一个企业，要想在竞争激烈的市场大潮中抢占先机，企业文化的作用不可忽视。

（四）当前酒店行业市场及政策导向

酒店行业是一个市场竞争十分激烈的行业。综观当前激烈的酒店市场，各层级的酒店鳞次栉比，整个市场发展呈现欣欣向荣的发展态势。但是从整个行业发展的角度来看，目前我国酒店市场越来越多的开始趋向于集团化发展趋势，对于品牌形象的打造也越来越重视。

（五）旅游市场优化对我国酒店行业发展的作用

旅游市场优化在推动旅游市场发展的同时，也促使了我国酒店行业及时调整发展策略，从而更好地顺应时代要求，为整个旅游市场的发展助力。

二、旅游市场结构升级带动酒店行业发展

2012年以来，我国国内旅游人次以10%左右的速度保持平稳增长，且在2018年上半年有加速趋势。2016年国内旅游人次达到44.4亿，同比增长11%，2017年国内旅游人次达到50.01亿，同比增长12.8%，2018年国内旅游人次达到55.39亿，同比增长10.8%，2019年国内旅游人次达到60.06亿，同比增长8.4%。根据《"十三五"旅游业发展规划》设定的目标，我国预计2024年实现国内旅游84亿人次，年均增速9.86%的目标。

旅游市场产业结构的不断优化升级，带动了我国酒店行业的飞速发展。高基数基础上稳定增长的旅游人群为酒店行业的发展提供了丰富的客源，从需求端保证了酒店的稳定健康发展，更是极大地推动了我国旅游市场的发展，使得我国旅游市场在接受挑战的同时进一步实现产业结构升级，同时也给酒店行业的发展带来良好的发展契机。

三、行业发展对酒店的整体提升提出要求

酒店行业在得到长足发展的同时，也对自身的发展提出了更高的要求。那么，随着旅游市场结构的升级，酒店行业内也面临着行业结构的调整，这就对酒店行业的整体提升提出了新的要求。

首先，酒店管理体系需要不断升级。我国酒店行业需要吸收先进的管理经验和管理模式，并有效地结合我国酒店行业发展的特质，有针对性地改进和发展先进的管理经验，实现酒店管理体系的完善和升级。比如，酒店在发展过程中可以通过不同产品体系的打造，提供多样化供给，以弥补市场空缺，满足不同层次人员的需求。

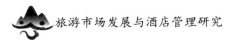

其次，加大酒店管理人员的培训力度。虽然目前有不少大中专院校已经开设了酒店管理的专业。但是对于酒店行业内发展来说，其还应不断地通过行业内的专业培训，提升从业人员的整体素质，从而实现酒店行业的更高发展。

第三，加强酒店企业文化建设。通过酒店企业文化建设，提升员工对本职工作的热爱，拉升酒店的整体发展水平。

四、生态理论下的酒店与旅游的集群共生关系

（一）旅游行业产业集群理论

20 世纪 90 年代以来，伴随着经济全球化的进程，产业集群成为全球化与区域化相互作用中参与竞争的主要力量。无论是在美国的"硅谷"、印度班加罗尔（Bangalore）、德国巴登——符腾堡（Baden-Wurttemberg），还是"第三意大利"地区和中国中关村的高科技产业以及粤浙沿海地区的传统劳动密集型产业，都表现出了极强的竞争力和旺盛的生命力，正如波特所说，一个国家或地区的竞争优势的获得，关键是产业的竞争优势，而产业的发展往往集中在几个关键区域。

正是由于产业集群对提升国家竞争力和推动地区经济发展有极其重要的作用，而且这种作用随着时间的推移越来越明显，产业集群日益成为各个组织、不同国家、不同领域研究的新宠。很多欧美国家从 1999 年开始实行了集群战略（cluster initiative，简称 CI），用组织的方法将区域内的企业、政府和研究共同体结成同伙，共同促进集群发展（王缉慈，2005）；经济合作组织（OECD）和联合国工业发展组织（UNIDO）对发达国家的产业集群及其产业政策进行了专门的研究。相对来说，发达国家较早地关注产业集群的问题，并制定了促进产业集群发展的相关政策。发展中国家对集群的研究和实践起步较晚，但在近几年，在国外学术成果和实践的影响下及我国集群经济强劲发展的推动下，产业集群作为中国产业成长和区域经济发展的重要问题越来越受到人们的关注，各领域学者纷纷参与产业集群的研究。

同时，作为产业优化配置的一种表现，旅游市场空间集聚（industrial agglomeration）也成为一种世界性的旅游经济现象，这也是由于旅游市场的自身特性及客观需要决定的。由于旅游市场生产与消费的统一性，决定了旅游企业或机构需集聚在旅游吸引物或旅游集散地附近，这也是旅游企业降低成本与追求规模经济的需要，因此，旅游市场自身具有形成集聚的客观条件。诚然，与制造业等产业集群不同，旅游集群内旅游企业之间的合作与分工更多地表现为水平型合作与分工，它们之间的联系是非贸易联系，但它们之间的合作的紧密程度甚至要超过其他产业集群内部之间的联系。制造业或高新技术产业集群内企业虽然更多地与群内企业合作以追求规模经济，但其也可以选择与集群外企业合作。但对于集聚于某区域的旅游市场而言，只有与本地其他产业或企业合作才能一次满足旅游者"吃、住、行、游、购、娱"等旅游活动，才能为旅游者提供一次完美的旅游经历。因此，相对于其他产业而言，旅游市场更依赖于集聚于某一地区，从而达到降低成本、追求规模经济及靠近旅游客源市场的目的。

1.旅游市场自身的强关联性成为旅游市场集群的内在动力

根据联合国《国际产业划分标准》及旅游市场的实际情况，旅游市场包括"吃、住、行、游、购、娱"六个基本要素，不但涵盖了第一、第二和第三产业由众多行业构成的产业群体，而且这些行业呈现出非常明显的层次结构分布特征。一个地区的旅游业往往是在旅游吸引物附近或旅游集散地集聚分布的，围绕旅游目的地或集散地集聚的行业间的互补性和竞争性决定了它们之间不仅关联性强而且互动性也很强，也就是说，旅游市场本身就具有形成集聚的客观条件。同时，旅游者的时间是有限的，旅游企业需要靠近市场才能销售产品，也就是说，旅游市场内部的诸多行业只有通过相互协作才能为旅游者提供一次完整的旅游经历。虽然，旅游市场内各行业的联系是非贸易联系，但彼此联系的紧密程度可能要超过制造业集聚内部的联系。制造业集聚区内的企业可以和临近企业合作，也可以在群外选择合作伙伴，即行业或企业的合作是有选择性的，但对于集聚于一地的旅游行业来说，彼此间的相互依赖则是由旅游业产业特性决定的，各行业必须互相合作才能为旅游者提供本地区的最终旅游产品。从这个意义上

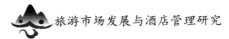

讲，旅游市场内部就是一个整体，具有构建旅游市场集群的天然优势。

2.丰富的旅游资源成为旅游市场集群化发展的重要保证

旅游业是一个典型的资源导向型的产业，旅游市场的发展离不开旅游资源的存在，旅游资源是旅游市场赖以生存和发展的物质基础。旅游资源的丰度、数量、规模及特色，在一定程度上决定着一个国家或地区旅游发展的规模和水平。我国历史悠久，幅员辽阔，南北跨越的纬度近50度，分布有热带、亚热带、暖温带、中温带、寒温带及垂直温度带，区域间因气候的因素形成的不同自然景观和人们在适应和改造自然过程中创造的灿烂文化及人文景观的地带差异，恰恰形成了旅游资源的吸引力，成为旅游者空间移动的推动力量。因此，丰富的名胜古迹、民族风情、文物古迹已为旅游市场集群的发展提供了广阔空间。

3.旅游目的地的客观需要成为旅游市场集群发展的重要推动力量

资源稀缺是永恒不变的真理，而相对稀缺的资源只有在竞争性市场中才能达到优化配置，因此，学者、专家及政府相关部门鼓励旅游目的地以相对稀缺的旅游资源为基础参与日益激烈的市场竞争。但是，专家、学者在关注旅游目的地竞争的同时，也积极关注旅游目的地由于过度竞争、无序竞争所带来的负面影响。因此，采取什么样的途径提升旅游目的地的竞争力成为理论界和实践界关注的焦点问题。

波特（2003）指出，与其他产业相比，旅游市场具有不可比拟的集群式发展优势，还建议国家应把旅游市场集群作为重点培植对象。旅游业是一个较分散性的行业，独立经营对大部分旅游企业而言，难以获取旅游规模经济效益。因此，旅游目的地个体只有通过实现同质的资源共享和异质性资源的互补，达到在复杂的旅游目的地环境中共同发展的目的。同时，集群本身就是基于地理集中性之上的经济实体竞合关系的塑造，既符合旅游资源的地域分布，又为旅游目的地内部协作及与外部的联系创造了条件。旅游市场集群是旅游目的个体相互协作的结果，同时，旅游市场集群的良性发展也是提升旅游目的地整体竞争力的有力途径。

（二）问题的提出

产业集群对于提升国家竞争力和推动地区经济发展的重要现实意义

已得到国内外学者、专家的普遍认同，而且这种作用随着时间的推移越来越明显，因此，产业集群在实践中所取得的瞩目成果也吸引了大量研究者纷纷把眼光投入到更为广泛的领域。而近年来第三产业中的旅游业由于自身的综合性、连贯性等特点成为集群效应最明显、最适合集群化发展的行业（迈克尔、波特，1998），也成为国内外学者、专家组织关注的焦点之一。纵观国内外现有研究，众多学者已经对"产业集群"现象进行了大量的开拓性研究，但大多研究与实证主要集中于制造业或高新技术领域。研究领域主要涉及经济学、地理学（主要是经济地理学）、管理学（包括企业网络理论、竞争优势理论、战略理论和创新理论）和社会学（主要是对社会资本、信任等的研究），可以看出，学术上有关制造业或高新技术产业集群的研究已相对成熟，但非制造业领域如文化产业、服务业，特别是产业联系紧密的旅游市场集群的研究相对较少（见文献综述）。1998 年 Porter 率先从产业集群的角度对旅游市场进行了研究，在"集群与新竞争经济学"中指出：旅游业的集群效应十分明显，和农业、化工产业、纺织业一起并称为四大最适合集群化发展的行业，建议国家把旅游市场集群作为重点培植对象。2003 年 Murphy，P. E. and Jackson，J. 在芬兰举办的世界旅游年会上，倡议大家以产业集群战略指导旅游目的地发展。最近几年，随着我国许多地区旅游市场集群现象逐步凸显，集群式发展所带来的竞争优势逐渐引起各级政府与研究学者的兴趣。虽然国内外许多学者对于旅游市场能否形成集群以及能否用集群理论研究的争议仍然存在，但无论是学术领域还是实践领域都已经对旅游市场集群开始了更深入的探讨和验证。

从近几年我国旅游市场发展的实际情况来看，虽然其在集群式的发展过程中取得了一定的成绩，但也存在忽视集群本身的自组织性及其他利益共同体积极性的情况。因此，在旅游市场集群发展萌芽的现实中，旅游市场集群发展主要涉及对旅游市场集群的系统认识、形成过程、如何演进及在其演进发展过程中如何保持稳定发展，而这三个方面的问题也成为旅游市场集群理论研究的基础性问题。通过对旅游市场集群的形成过程研究，能为旅游市场集群的培育提供理论依据；通过研究旅游市场集群的演进过程，找出旅游市场集群发展的关键要素，为旅游市场集群竞争力的提高提

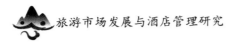

供科学依据；通过对旅游市场集群的非稳定性研究，找出旅游市场集群在发展过程中存在的风险及不稳定要素，能为旅游市场集群的可持续发展提供科学的理论指导。在思考集群理论的过程中，我们可以清晰地看到，在整个旅游市场"吃、住、行、游、购、娱"六要素中，酒店行业作为旅游市场集群的重要组成部分，几乎融入了全部的旅游环节和关键市场要素，所以本书的重点研究目标为：以旅游市场生态集群共生理论和生态发展演进观点， 探索现代旅游度假酒店、发展酒店的管理。

从 2008 年的北京奥运会到 2010 年的上海世博会的圆满落幕，我国的旅游产品不仅成为国内消费者所关注的热点，也越来越多地被国外的消费者所认可。因此，随着我国旅游市场的持续快速发展，酒店行业的发展也将持续升温，并保持良好的发展态势。

虽然目前我国酒店行业的市场前景十分被看好，尤其是经济型酒店，《2007 中国经济型酒店发展绿皮书》指出，经济型酒店近年来发展迅猛，深受消费者青睐，其发展前景十分可观。但是，随着目前酒店行业竞争态势的逐渐加剧，酒店行业产业的扩张需要日趋理性。

因此，我国的酒店行业发展应该把握好当前旅游市场结构优化的良好机遇，积极促进自身所在行业的产业结构升级，同时积极引进新技术的应用，逐步提高自身的品牌影响力和国际竞争力。

本书在论述过程中，主要从旅游业发展现状入手概述了目前旅游市场结构优化下的酒店行业发展现状及存在的问题，并对酒店行业的未来发展进行了展望。酒店行业作为整个旅游市场的重要组成部分，对于旅游市场的发展起到了重要的支撑作用。因此，为了更好地推动旅游市场的发展，同时也实现自身产业结构的升级，我国酒店行业应合理把握当前时代发展的奇迹，在旅游市场结构优化的背景之下不断完善自身行业体制规范，实现更高的发展愿景。

第二章 旅游市场的发展与经济分析

第一节 旅游市场的研究理论及意义

一、旅游业与旅游市场

旅游业和旅游市场是两个涉及不同范畴的概念，但在多数研究中并未对二者进行明确的区分，而是把旅游业和旅游市场视为等同的概念（张朝枝等，2010）。在该认知下，对旅游业或旅游市场典型的界定方式通常是从旅游者需求的角度出发，认为旅游业或旅游市场是以旅游者为（主要）服务对象，为其旅游活动创造便利条件并提供所需商品与服务的综合性产业（李天元，2009）。

与把旅游业与旅游市场概念等同的认知相反，部分学者则认为旅游业和旅游市场这两个概念是有区别的,但对二者内涵和关系的认知并不一致。其中，王兴斌（2000）认为旅游业是指直接为旅游者提供交通运输、观光度假、住宿、购物、康乐服务（如旅行社、旅游涉外饭店、旅游定点餐馆、旅游定点商店、旅游车船公司、旅游定点娱乐场所、旅游商品定点生产企业等）以及为这些服务专门或直接提供人力、智力与中介服务的企事业单位、行业和部门（如旅游院校、旅游研究规划机构、旅游宣传出版、旅游网站等）；旅游市场则指旅游行业（是以"食、住、行、游、购、娱"为主要环节的行业链）和为旅游行业直接提供物质、文化、信息、人力与智力服务和支撑的行业和部门，旅游市场不仅包括第三产业的许多行业和部门，还包括与旅游业密切相关、为旅游业提供物质与非物质供应和支撑的第一产业和第二产业的众多行业和部门。

谢春山等人（2005）认为旅游市场是旅游业和旅游关联产业的总和。其中，旅游业是由各个提供核心旅游产品以满足旅游者旅游需求的旅游企

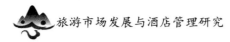

业所构成的集合，包括旅游景点、旅游酒店业、旅游交通运输业、旅行社业和旅游商品经营业等；旅游关联产业则为旅游业的正常运行提供着硬件（各种物质条件）和软件（文化、信息、人力、智力和管理等）支撑。他们同时认为，在一定意义上讲，可以将旅游业称之为狭义的旅游市场，而把包括旅游业和旅游关联产业在内的旅游市场称之为广义的旅游市场。

申葆嘉（2007）认为旅游业主要是指以住宿业、餐饮业、旅行社以及人工建造的游乐园为主的接待诸行业的复合体，是在游客需要时为需要者提供不同服务的业务群体。旅游业的经济性质十分鲜明，它们为盈利而推广业务，并不顾及旅游活动在社会运行时形成的其他方面的关系和影响。旅游市场则既包括了盈利的旅游业，又包含了许多发展旅游所必须的社会非盈利因素，如博物馆、风景名胜、教育和培训设施等大多数人文资源因素。此外，社会上许多原有的政府、市政、金融、工程、财税、安全、交通、信息等部门，也在一定条件下参与了旅游市场的发展活动。旅游市场以产业的形式将旅游需要引入到了国民经济发展的总体结构中，成为了国民经济的一个独立的组成部分，与此相比，旅游业则只是一种小范围的"个别现象"，没有能力将社会其他因素中与旅游相关的部分吸引在自己周围，因而不可能在国民经济发展中形成独立的力量。

罗明义（2007）认为旅游市场的范围包括三个层次：第一层次为旅游核心部门，是指完全向旅游者提供旅游产品和服务的行业和部门，主要包括旅游住宿业、旅游景观业、旅游运输业、旅行社业和旅游服务机构五个部分；第二层次为旅游依托部门，是指向旅游者提供部分产品和服务的行业和部门，主要由餐饮服务业、文化娱乐业、康乐业、零售业和公共交通运输业；第三层次为旅游相关部门，是指为旅游市场发展提供支持和旅游带动的行业和部门，这一层次的旅游市场不一定依赖旅游市场而发展，但其发展的规模和水平对旅游市场的持续健康发展具有重要的意义和作用。旅游业主要是第一层次，即传统上大家所界定的狭义旅游市场。

综合分析上述观点，可以发现：第一，对旅游业和旅游市场概念的界定通常是从旅游者需求角度进行考量的，并试图从旅游市场关联性或旅游经济运行的角度概括旅游市场的范畴；第二，旅游市场的范围涵盖了旅游业，且通常认为旅游业是旅游市场中的核心组成部分。

但师守祥（2007）和徐丽霞（2009）不赞同上述观点，并从多个角度进行了反思：第一，从修辞逻辑角度分析，加入产业这一限定词不能扩大旅游业概念的外延；第二，既然承认旅游业是一个产业，旅游市场就应该符合经济学的范畴，而不应在经济学的框架之外研究旅游经济问题；第三，旅游市场范围界定的合理逻辑应是对旅游活动的依赖性，而不应该以是否会对旅游活动有促进作用、是否与旅游活动有联系为标准进行判断；第四，现在盛行的"大旅游"概念及旅游业群体说，使得旅游业构成"泡沫化"、产业界"限虚化"，而要想使旅游经济研究获得社会的认可与尊重，则需要从国民经济体系的角度考虑其产业范围；第五，从内涵上看，旅游业包括旅游市场和旅游事业，其中旅游市场是有关生产与销售的"经济概念"，即营利性的旅游部门的集合，旅游市场的根本目的在于通过对旅游的推动、促进和提供便利服务来从中获取收入，而旅游事业（包括政府部门、教育部门等非营利性机构）并非主要以发展经济为唯一目的。基于上述观点，笔者认为：第一，旅游业的范围要大于旅游市场，并且包含旅游市场；第二，旅游市场范畴的界定应符合经济学规范，即从供给的角度界定看，旅游市场由旅游资源业、景观业和旅游销售业等组成。

事实上，如果从旅游者需求或是从产业关联的角度来界定旅游市场，旅游市场确实是一个具有跨边界性与广域性的复杂经济系统。从其行业分布的角度来看，该经济系统集中于诸多商业性行业或非商业性行业中，特别是批发与零售业，饭店和餐馆业，交通、仓储和通讯业，不动产、承租及经济活动，公共管理，其他社团、社会及个人服务等（吴必虎，2001），上述若干传统上相互独立行业间的衔接与配合保证了旅游者需求的满足。

然而，从上述角度理解旅游市场结构的内涵及其构成，特别是在开放的系统环境下，其产业内容几乎是无所不包、无边无界的，这一点不仅为旅游学界所诟病（斯蒂芬·L·J·史密斯，1991），也直接影响了旅游经济研究成果的可信性及其在旅游学界外的认同度（师守祥，2009）。事实上，如果坚持从非常宽泛的角度分析旅游市场发展，相关研究也几乎不具有可操作性；但是，如果严格从产业经济学即供给的角度界定旅游市场的

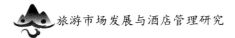

范畴，相关产品和服务的同质性条件不但是难以满足的，居民和旅游者在旅游资源业、景观业和旅行社中的混合消费同样也是难以剥离清楚的，且相关研究范畴有过窄之嫌。

因此，本书赞同师守祥等人关于旅游市场的理论判断，认为应该从对旅游活动依赖性的角度界定旅游市场范畴，认为旅游市场是有关生产与销售的"经济概念"，即营利性的旅游部门的集合。而与此相关联的一系列行业及非盈利性的旅游事业应归入旅游业范畴，即旅游市场和旅游业的关系为旅游业包含着旅游市场。根据上述理论判断，在实证研究中，本书借鉴世界旅游组织推荐的旅游卫星账户框架界定旅游市场的技术性定义，即把旅游特征产业作为旅游市场技术定义的范畴。旅游特征产业是指提供旅游特征产品和服务的产业，这些产品和服务主要用于满足旅游者的需要，如果没有旅游者的需要，这些产业将会不存在或大幅度萎缩。

二、旅游市场结构

（一）产业结构

产业结构的概念始于 20 世纪 40 年代，现代产业经济学的研究对产业结构内涵的界定主要是从两个方面进行的（刘涛，2013）：第一，认为产业结构是指各产业在其基本经济活动过程中形成的技术经济联系及由此表现出来的比例关系。这种观点主要是指产业之间及产业内部行业之间在其经济基础活动过程中有着广泛、复杂而密切的技术经济联系，如各个产业都需要其他产业为本产业的正常发展提供必要的生产要素供给和中间投入产品，与此同时，各产业也最终为该产业提供产出，这种由各产业在社会再生产过程中所形成的技术经济联系，成为社会经济发展过程中的一种必然现象。第二，认为产业结构是各种生产要素在各部门之间的配置方式，主要强调各产业之间的构成方式。这种构成方式主要包括产业技术结构、中间要素投入结构和产业固定资产结构。

随着产业经济的发展，多认为产业结构是产业间的技术经济联系与联系方式，且这种产业间的联系与联系方式可从两个角度来考察：一是从"质"

的角度动态地揭示产业间技术经济联系与联系方式不断发展变化的趋势，解释经济发展过程中的国民经济各产业部门中，起主导或支柱地位的产业部门的不断替代的规律及其相应的"结构"效益，从而形成狭义的产业结构理论；二是从"量"的角度静态地研究和分析一定时期内产业间联系与联系方式的技术经济数量比例关系，即产业间"投入"与"产出"的量的比例关系，从而形成产业关联理论（苏东水，2000；蒋昭侠，2005）。这种质的关系可以从两个方面来考察：一是加工深浅度、附加价值高低、资本集约度、高新技术产品产值占该产业总产值的比重；二是规模效益和国际竞争力（杨德勇，张宏艳，2008）；这种量的关系至少可以从三个层面来考察：一是国民经济中三次产业的构成，二是三次产业的内部构成，三是三次产业内部的行业构成（白永秀，惠宁，2008）。产业关联理论与狭义的产业结构理论则构成了广义的产业结构理论。

在分析产业结构时，产业组织和产业布局是与之密切相关的两个概念，但其内涵并不相同。其中，产业组织是指生产同一类产品（严格地说，是生产具有密切替代关系的产品）的企业在同一市场上集合而成的同一产业内各企业之间的相互作用关系结构，该结构决定了该产业内企业规模经济效益的实现与企业竞争活力的发展之间的平衡；产业布局是指一国或一地区的产业生产力在一定范围内的空间分布和组合，产业布局是产业的空间结构，其合理与否将影响到该国或地区经济优势的发挥及经济的发展速度（苏东水，2000）。此外，与上述概念相伴生的概念还包括市场结构、产品结构、所有制结构等，其中多认为市场结构是产业组织方面的内容，而产品结构是广义的产业结构方面的内容（胡立俊等，2005）；所有制结构也是产业组织的一部分（江静，巫强，2012）。

（二）旅游市场结构

当前，旅游学界对旅游市场结构内涵的界定基本上是延承产业经济学界定产业结构的思想，即认为旅游市场结构反映的是旅游市场间的经济技术联系及其比例关系（表2-1）。但是，由于学界对旅游市场内涵及其范围的认知与界定存在较大差异，因此对旅游市场结构构成范畴的理解也存在较大差异（表2-1）。当学者从旅游者需求、产业关联亦或旅游系统视角下认知旅游市场时，多会从旅游经济结构的角度框定旅游市场结构的范畴，并认为旅游市场结构包括了旅游市场行业结构、旅游产品结构、旅游市场组织结构、旅游市场地区结构、所有制结构等范畴；当从对旅游活动依赖性的角度界定旅游市场范畴时，则多会把旅游市场结构等同于旅游行业结构，并认为旅游市场结构是指以食、住、行、游、购、娱为核心的旅游业内部各大行业之间的经济技术联系与比例关系；同时，也有部分学者把旅游行业结构界定为狭义的旅游市场结构，把旅游经济结构界定为广义的旅游市场结构。

考虑师守祥和徐丽霞（2009）关于把旅游市场研究纳入国民经济体系的建议，以及"作为产业的旅游业在经济特征上并没有特殊性，仍然是产品的生产和交换，涉及到的过程还是原料的获得、加工及产品的销售"（师守祥，2007）的观点，本书倾向于从对旅游依赖性的角度解析旅游市场的内涵，并认为旅游市场结构是指主要为满足旅游者旅游活动需求而提供产品与服务的旅游市场内部各行业之间的技术经济联系和比例关系，特别是旅游核心特征产业之间的技术经济联系和比例关系；同时，基于旅游经济系统的开放性，旅游市场与其他产业之间的技术经济联系和比例关系也是旅游市场结构内涵的应有之义。

此外，从旅游市场结构涵盖的范围来看，旅游市场组织结构、旅游市场结构、旅游所有制结构等内容与旅游市场结构的演变有着不可分割的互动关系，虽然在调整旅游市场结构时也应充分考虑这些结构的影响效应，但是上述内容并不是旅游市场结构研究直接涵盖的范畴。

三、旅游市场发展的研究

目前，全国很多地区将旅游业确定为本地区的支柱产业、龙头产业或先导产业，实施政府主导型旅游发展战略。旅游业不是单一产业，而是由众多行业组成的"综合性产业"或产业群，行业关联度大，带动性强，具有很好的产业集群带动效应。且随着旅游市场的发展，旅游业也从初期的第三产业逐渐向产业上游及工业和农业融入，最后融入整个地区经济整体之中，成为区域经济发展的重要动力源。

随着旅游市场在国民经济发展中的地位提升，对旅游市场的学术研究也愈加全面和深入。旅游学界和业界人士从实际出发，根据具体的实践经验，通过定性分析和对多区域旅游业发展的总结，指出在旅游业发展中存在的各种具体问题，并从自身的角度给出对策和解决方案。学者们从区域经济学的角度，运用经济学原理和方法分析，强调区域合作，走区域联合发展的道路，提出旅游业是凝聚力最强的行业，最有条件也最有必要加强联合，通过联合开发、联合促销打破地区壁垒，谋求共同发展，形成区域性乃至全国性的旅游大市场。学者们认为中国旅游业发展的重要产业特征，是全国区域旅游合作蓬勃发展。它的表现是，不仅全国区域旅游合作出现了新的高潮，而且区域旅游合作的力度、深度和广度都有了进一步的拓展，合作主体更加积极，合作层次更加丰富，合作内容更加全面。专家们普遍认为长三角、泛珠三角、环渤海旅游协作区的形成，开启了区域旅游合作的新阶段。一些专家从产业关联角度出发，运用投入产出理论，对现代旅游市场包含旅游资源的开发产业、旅游要素产业（食、住、行、游、购、娱等直接为旅游者提供产品和服务的行业和部门），以及营造良好的旅游社会和自然环境的关联产业进行了分析，指出它们因彼此间的横向、纵向联系，围绕旅游资源产业形成群（或产业引爆效应）。其关联作用不仅表现为直接关联，如观光农业（旅游业与农业的结合）、观光工业（旅游与工业的结合），而且还表现在对区域产业发展环境的改善，从而引起的对区域整体产业链发展的带动效应，促进区域经济的全面发展。

但从定量的角度出发，运用数学模型和方法来对旅游市场进行研究的却较少，本书将用投入产出法分析旅游市场与其他产业的关联，运用数据挖掘理论发现旅游市场与其他产业的深层次联系，从而给出在现有信息化时代的发展旅游市场的对策和建议。

产业间关联愈发复杂，并由信息技术带来根本性变化，引起了人们的极大关注，对产业关联的学术研究也更加深入和细致。1936年列昂惕夫产业关联度计量模型的诞生，正式的将数学方法引入到产业关联研究中来，现在模型本身也得到了不断充实和发展，并扩散到多学科领域，其基本工

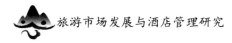

具和方法也有了不断的更新和发展。如今的产业关联理论步入了动态化、最优化和应用多元化等新的发展时期。

应该说研究产业关联理论的动态化是该理论进入发展阶段的标志。早期模型是静态的，其数学方法只涉及线性代数，不能解决动态问题。一方面，变量不涉及时间因素；另一方面，模型是所谓"开启式模型"（open model），即有关最终需求（如投资）的信息并不是投入产出模型的内在变量，而是作为静态外生变量给定的。

与此相对应的"封闭式模型"（closed model）是指把最终需求和中间需求一样作为内生变量来处理的投入产出模型，从而使最终需求成为模型体内诸因素决定的部门。

在此基础上，1953 年列昂惕夫发表了《美国经济结构研究》一书，采用微分方程组的形式讨论了投入产出动态模型，并把它分为封闭和开启两种模型。但微分形式反映的是连续的时间进程，在实际经济活动中有许多变量是离散的，因而用离散变量来反映经济过程的差分方程有了实践依据。差分方程在反映产业经济过程中的特征时，有一个显著特征：在一定差分区间里，产业经济活动是动态变化的，就某一特定的差分时期中，产业活动又是静止的。1970 年列昂惕夫发表了著名论文《动态求逆》，研究了以差分方程组的形式表达的动态模型。差分方程的动态模型实现了直接消耗系数矩阵和投资系数矩阵的动态化。

线形规划产生后，使原本不具有"最优"思想的投入产出理论向优化方向发展，日本学者筑井甚吉就建立了将动态投入产出模型和动态线形规划连接的应用模型。而多夫曼（R.Dorfman）、萨缪尔森（Samuelson）和索洛（R.M.Solow）结合线形规划对投入产出结构进行了动态分析提出了所谓大道定理。此外西方经济学家还建立了 CGE（computable general equilibrium），运用一般均衡理论的基本思想，引入投入产出表，使其成为"可计算"模型。该模型由两部分组成，一部分是用投入产出和线形规划相结合建立的生产供给模型；另一部分是用需求函数建立的最终需求模型。

产业关联理论的实践应用日益多元化，列昂惕夫在 1986 年版的《投入产出经济学》一书中就将投入产出理论应用于国民经济核算、国内生产和国际贸易、地区结构的分析、裁军对经济的影响、环境问题对经济的影响、人口增长与经济发展的问题等上。从应用范围来看，其涵盖了宏观、中观和微观经济领域，并扩展到国际经济范围。列昂惕夫早期将其用于一国经济的分析，目前已扩展到地区、部门、企业和地区间、部门间的经济活动；1977 年列昂惕夫出版了《世界经济的未来》一书，研究了国际投入产出模型，1985 年日本编制了亚洲 11 个国家和地区的投入产出表，应用的内容不断拓展。从最初的产品投入产出表到目前的固定资产、投资、环境、劳力占用及非物质的灰要素投入产出表；并运用投入产出的基本原理研究其他专门问题，如能源、环境保护、水资源、人口、人才、教育、银行、财会、信息等。为国民经济综合平衡和分析提供了更多信息。

四、旅游市场发展研究的重要意义

从世界各国经济发展的情况来看，经济发展大都呈现明显的阶段性。在不同的阶段，经济发展的重点不同，主导产业也不同，因而在不同阶段存在着结构的重大转换问题。中央关于要以提高经济效益为中心，以提高国民经济的整体素质和国际竞争力、实现可持续发展为目标，积极主动、全方位地对经济结构进行调整。要把调整产业结构与调整所有制结构、地区结构、城乡结构结合起来，坚持在发展中推进经济结构调整，在经济结构调整中保持快速发展的战略思想，意味着中国经济已经由产业结构适应性调整过渡到产业结构战略性调整。运用产业关联分析，提高对旅游市场在整个经济体系中地位和作用的新的认识，不仅要调整旅游市场内部的结构以避免全国性的旅游市场结构趋同带来的不良影响，也要重新定义旅游市场和其他产业的相互关联关系，促进区域经济的协调和持续发展。

在现代经济社会的发展过程中，产业结构效应已经成为影响经济增长的一个非常重要的因素。这是因为社会分工日益细化，产业部门增多，部门之间的交易变的越来越复杂，其规模也不断扩大；在这种情况下，结构效益就上升到了一个很重要的地位。资本积累和劳动投入固然是经济增长

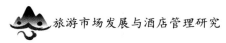

的必要条件，但其投入的产出效益在很大程度上取决于结构状态。如果结构不合理，则大量的资本和劳动投入将得不到合理的配置，从而降低资源配置的效率。旅游业是一个集合性的产业，与其他众多产业部门均发生着较为普遍的技术经济关联，旅游业能否与其他产业形成良性互动将成为影响整个区域经济可持续发展的重要因素。因此，通过旅游市场研究确定旅游业在区域经济中的地位，明确旅游业与其他产业的互动效应，对突破旅游业发展过程中的瓶颈限制，完善区域经济体的内部结构，实现区域经济可持续发展都具有重要意义。

（一）旅游市场发展的核心和依托

从 1978 年我国旅游市场起步形成，实现由"外事接待型"向"经济经营型"转变，到 1992 年成长为我国第三产业的重点产业之一，再到如今确立培育成为我国国民经济的战略性支柱产业和人民群众更加满意的现代服务业，在这 35 年中我国旅游市场经历了形成、快速繁荣到稳定增长的发展过程。我国入境旅游人次由 1978 年的 180 万增加到 2011 年的 13542.35 万，增长了 74 倍；国际旅游外汇收入由 1978 年的 2.6 亿美元增加到 2011 年的 484.64 亿美元，增长了 185 倍，旅游业已经成为我国国民经济中发展最快的产业之一。2011 年我国旅游总收入达 22435.58 亿元，约相当于国内生产总值的 5%，旅游市场已成为我国国民经济新的增长点，我国实现了从"旅游资源大国"向"旅游经济大国"的历史性跨越。2015 年已经过去了，在这重要的历史性跨越中，城市旅游市场发挥了极其重要的作用。2011 年我国主要城市国际旅游外汇收入占到全国国际旅游外汇总量的 87.5%，城市旅游市场成为了我国旅游市场发展的核心和依托，为我国旅游市场的快速繁荣增长做出了重要的贡献。

（二）旅游市场在国民经济中的产业地位不断提升

旅游市场在国民经济中的产业地位不断提升，成为了城市第三产业中的重点产业和支柱产业之一。一方面，随着城市的经济发展水平不断提高，城市环境日益改善，现代旅游资源不断开发和丰富，满足旅游消费者"食、住、行、游、购、娱"需求的各种旅游配套设施不断完善；旅游市场不断扩大，城市旅游功能随之不断凸显和增强，城市本身发展成了一个旅游目的地，由旅游客源地转变为旅游客源地和旅游目的地的综合体；旅游市场在国民经济发展中的地位不断上升，成为扩大城市内需，促进城乡居民消费支出增加的城市经济发展的新的增长点。另一方面由于旅游市场强大的综合性和产业关联性，使得旅游市场的发展带动了城市交通、餐饮、住宿、商贸、金融、文化、信息等相关服务业和第一、二产业的发展，也极大地带动了城市就业，因此发展旅游业成为了城市大力发展第三产业、优化产业结构的重要核心内容，尤其是在西部城市，更是将旅游市场作为培养、发展服务业的支柱产业和先导产业。

城市旅游市场的发展对我国旅游市场的发展和国民经济的发展都发挥着重要的作用，因此从城市层面展开旅游市场发展研究不仅是促进我国旅游市场发展、提升我国整体旅游市场实力的客观要求，也是城市围绕旅游市场来调整城市产业结构、优化配置旅游市场体系，以带动城市产业结构优化升级、促进城市经济增长的现实需要。

（三）不同区域城市旅游市场发展存在差异

在城市旅游市场总体呈现繁荣发展的同时，我们也关注到城市旅游市场的发展存在一定的差异，尤其是东、中、西部城市旅游市场的发展存在着明显的差距和不同。

2011 年东部城市旅游外汇收入占了全国旅游外汇收入的 72.35%，而中部城市和西部城市则只占了全国旅游外汇收入的 6.08% 和 6.37%，区域间城市旅游市场发展的绝对差距较大。而且区域内城市与城市间的旅游市场发展差异也明显存在，呈现出多级旅游市场发展中心城市格局：以东部地区的上海、广州、北京、深圳为旅游市场发展的首级增长中心城市，以东部地区的珠海、厦门、杭州、天津、南京、福州、大连、宁波和中部地区的武汉、长沙、黄山以及西部地区的桂林、重庆、西安、昆明、成都为次级增长中心城市，并呈现出首级增长中心城市带动次级增长中心城市，次级增长中心带动区域内其他城市的旅游市场发展格局。因此研究城市旅游市场发展模式，尤其是东、中、西部旅游市场发展水平最高城市的旅游市场发展模式，分析在不同发展模式下究竟是哪些关键因素促进了城市旅游市场的发展？又有哪些因素制约了城市旅游市场的发展？这些影响因素对城市旅游市场发展有何种程度的影响？不同发展模式下旅游市场经济效应如何？以城市旅游市场发展的影响因素为切入点，构建城市旅游市场分析框架和评价指标体系，通过综合评价所揭示出的旅游市场关键影响因子及其相关程度与特征，对东、中、西部城市旅游市场发展模式进行判断、识别，并对不同发展模式下旅游市场的经济效应进行测度，进一步从发展模式差异角度探究它们经济效应不同的原因，以明确东、中、西部城市旅游市场发展模式的优缺点，在此基础上给出发展东、中、西部城市旅游市场的具体对策建议。这将充分发挥东、中、西部旅游发展水平最高城市的示范作用，为东、中、西地区内其他具有类似旅游市场发展条件的城市提供发展模式的参考和提升路径选择，具有重要的现实意义和实践价值。

综上所述，研究旅游市场和探索行业规律有以下意义：首先，进一步丰富了旅游市场研究的领域与内容。旅游市场是我国旅游市场发展的核心和依托，城市旅游市场发展的关系到我国整体旅游市场发展的产业实力和素质，因而研究意义重大。目前，从发展角度对城市旅游市场的研究文献较少且较多集中在旅游市场性质的改变、在城市经济发展中产业地位的变迁和旅游市场发展阶段的划分等方面，并多从宏观、定性角度来论述城市旅游市场的发展。也有部分学者对城市旅游市场发展模式或驱动模式进行了探讨，对发展模式的影响因素研究往往没有全面考虑城市旅游市场发展的系统性，没有基于城市旅游市场的系统结构进行影响因素分析，也没有考虑城市旅游市场发展影响因素的结构性和内在关联性，因而难以概括性地分离出影响城市旅游市场发展和识别城市旅游市场发展模式的关键因素。

研究的较多成果停留在定性分析上，很少通过定量研究来判断和识别城市旅游市场的发展模式。少有的定量研究也是聚焦于某一时点上城市旅游市场发展的静态表现，样本数据多采用截面数据，缺乏对旅游市场发展过程的定量分析，采用时间序列数据的城市旅游市场发展模式研究略显不足。基于上述现状，本书研究将在一定程度上弥补先前研究的不足，基于时间序列数据对城市旅游市场发展影响因素、发展模式和经济效应进行系统、综合的研究，有助于拓展城市旅游市场研究的范围与内容。

其次，在定量研究的基础上对城市旅游市场发展模式进行判断与识别，为城市旅游市场发展的进一步研究提供有价值的理论参考。目前对于城市旅游市场发展模式的研究多为定性分析，对城市旅游市场发展模式的判断和识别缺乏科学性的数据支持与规范尺度。本书以城市旅游市场发展的影响因素为切入点，建立了一套城市旅游市场 GIU 评价指标体系，并运用科学的数理统计方法和相关统计软件对样本城市旅游市场进行了评价，在此基础上识别东、中、西部城市旅游市场的发展模式，归纳不同发展模式下的旅游市场发展特征与发展路径。再者，为东、中、西部城市完善城市旅游市场体系、优化城市旅游市场结构和提升城市旅游市场发展水平提供了决策参考。本书聚焦于城市旅游市场发展宏观特征下的微观影响因素，以城市旅游市场发展的影响因素为切入点，构建城市旅游市场评价指标体系。通过分层评价所揭示出的旅游市场关键影响因子及其相关程度与特征，对样本城市的旅游市场发展模式进行判断、识别，并对不同发展模式下旅游市场的经济效应进行测度，进一步从发展模式差异角度解释其经济效应不同的原因，明确了东、中、西部城市旅游市场发展模式的优缺点。在此基础上给出对东、中、西部城市旅游市场发展的具体对策建议，为东、中、西地区内其他具有类似旅游市场发展条件的城市提供了发展模式参考和路径选择。并将城市旅游市场视为一个以城市为依托的综合产业系统，立足于城市发展的现实基础，探究旅游市场发展与城市经济、社会、生态协调发展的途径，具有较大的现实价值。

第二节 我国旅游市场的发展历程

从新中国成立到 1978 年，旅游业作为中国外交事业的延伸和补充，承担的是民间外事接待的功能，不具备现代产业的特征。1978 年 1 月 21 日至 2 月 1 日在北京召开了全国旅游工作会议，1978 年 3 月 5 日中共中央批转了外交部党组《关于发展旅游事业的请示报告》。此后，在改革开放政策的促动下，我国的入境旅游市场获得了迅猛发展，20 世纪 90 年代以后，在国民经济发展及旅游市场政策的推动下，国内旅游市场也逐渐走上了快速发展的轨道。基于上述现实，本书把 1978 年作为我国旅游市场化发展历程的开端，同时，基于对入境旅游和国内旅游人次增长（图 2-1）、入境旅游和国内旅游收入增长（图 2-2）以及社会经济事件冲击影响的考察，大致把我国旅游市场化的发展历程划分为 1978-1991 年，1992-2003 年，2004-2018 年三个阶段。此外，纵观其发展历程，则会发现我国的旅游市场发展具有明显的政府导向性特征，此背景下，旅游行政管理以及具体的旅游市场政策变化也表现出了较强的阶段性。

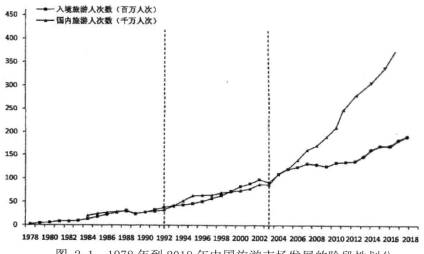

图 2-1 1978 年到 2018 年中国旅游市场发展的阶段性划分

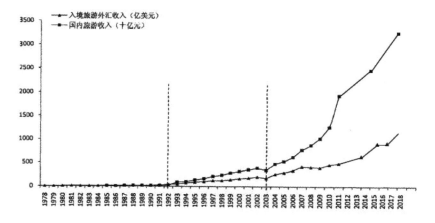

图 2-2 1978-2018 年中国旅游市场发展的阶段性划分

一、旅游市场发展的起步期（1978-1991）

1978-1991 年是我国旅游市场化发展的起步期，在该阶段，旅游市场由"外交事业"逐步向经济产业转变，国家旅游局主导、旅游行业协会依附式发展的旅游管理体制初步确立，政企分开初步实施，外资利用初具规模，旅游法规和标准化建设进入起步阶段，旅游市场在国民经济中的地位获得了初步认可，旅游市场的综合性属性也基本得到了确认（表 2-1）。整体而言，在该阶段，我国旅游市场发展的政府导向性特征非常明显，且政府对旅游市场的管理直接体现为对旅游企业（主要是旅行社和旅游饭店）的管理。如在 1982 年，当国家旅游局与国旅总社分开办公后，国家旅游局仍然掌管着国旅总社的涉外经营权；1985 年，外联权和签证通知权下放至省级旅游机构；1988 年，国务院批转了国家旅游局《关于加强旅游工作的意见》，旅游管理机构开始改革，国家旅游局和各省市旅游局的管理职能逐渐从企业管理向行业管理和监督转变。

表 2-1 1978-1991 年间促进我国旅游市场发展的产业政策

时间	发起或发布	产业政策内容	对旅游市场发展的影响
1979.5	国务院	批准北京等四个城市利用侨资、外资建造 6 座旅游饭店	拉开了旅游市场利用外资的序幕，促进了高档住宿设施的建设
1979.9	全国旅游工作会议	提出旅游工作要从"政治接待型"转变为"经济经营型"	旅游市场的功能开始高度化
1981.7	全国旅游工作会议	明确指出旅游事业是一项综合性的经济事业	综合性经济这一产业属性的确定，为旅游市场的深入发展奠定了认知基础

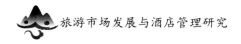

（续表）

时间	发起或发布	产业政策内容	对旅游市场发展的影响
1981.10	国务院	发出《关于加强旅游工作的决定》，各地相继成立旅游领导小组	协调了旅游供给短缺、改善旅游接待条件等问题
1984.7	国家旅游局发起、国务院批复	《关于开创旅游工作新局面几个问题的报告》提出要汇集多种社会力量加快旅游基础设施的建设	为各种资本向旅游市场的聚集奠定了基础
1985.1	国家旅游局发起、国务院批复	《关于当前旅游体制改革几个文体的报告》提出要汇集多种社会力量加快旅游基础设施的建设	促进了旅游经营从事业单位向企业化发展的转换，国内旅游发展受到关注，为全面构建旅游市场体系奠定了基础
1985.5	国务院	发布了《旅行社管理暂行条例》	是旅游市场第一部行政法规
1985.12	国务院	批准《全国旅游事业发展规划（1986年至2000年）》	首次把"旅游业作为国家重点支持发展的一项事业"列入国民经济发展计划
1986.1	国务院	批准中国旅游行业协会成立	丰富了旅游管理体制
1986	国务院	旅游发展规划列入国家"七五"计划	旅游业首次在国家计划中出现，旅游的产业地位首次得到了确认
1988.5	国务院	成立了国家旅游事业委员会	加强了国家对旅游业发展的领导力度

（续表）

时间	发起或发布	产业政策内容	对旅游市场发展的影响
1988.8	国家旅游局	发布《中华人民共和国评定旅欧（涉外）饭店星级的规定》	旅游标准化工作开始
1988.12	国务院	批准《关于加强旅游工作的意见》，确认旅游业是一项综合性事业，涉及航空、交通、文化、建设、轻工、方式、商业等许多部门	原则上明确了旅游的行业范围
1991.6	国家旅游局	主持召开国内旅游与旅游资源开发工作座谈会	将国内旅游发展纳入规划

　　该阶段的旅游市场格局较为单一。具体而言，优先发展入境旅游实现"经济创汇"是此时旅游市场发展的主旋律；国内旅游发展虽然也纳入了政府导向下的议事议程，但并未获得实质发展；严格意义上的出境旅游则要追溯到 1990 年，在该年的 10 月份，我国正式开放了中国公民自费赴新加坡、马来西亚和泰国三国的旅游活动。在该市场格局下，入境旅游人数规模和外汇收入规模扩张迅速，其中，入境旅游人数从 1978 年的 180.9 万人次增长到 1991 年的 3335.0 万人次，十四年间增长了 1843.56%；入境旅游收入从 1978 年的 2.63 亿美元增长到 1991 年的 28.45 亿美元，十四年增长了 108 1.75%表（4-2）。但在 1991 年时旅游收入占 GDP 的比重仅为 1.61%，表明我国的旅游市场发展规模还较为有限。

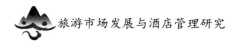

表 2-2 1978-1991 年间我国旅游发展统计表

年份	入境旅游人次（万人）	增长率（%）	外汇收入（亿美元）	增长率（%）	旅游收入占 GDP 的比值（%）
1978	180.92	—	2.63	—	—
1979	420.39	132.36	4.49	70.72	—
1980	570.25	35.65	6.17	37.42	—
1981	776.71	36.20	7.85	27.23	—
1982	792.43	2.02	8.43	7.39	—
1983	947.70	19.59	9.41	11.63	—
1984	1285.22	35.61	11.31	20.19	—
1985	1783.31	38.76	12.50	10.52	1.30
1986	2281.95	27.96	15.31	22.48	1.55
1987	2690.23	17.89	18.62	21.62	1.74
1988	3169.48	17.81	22.47	20.68	1.80
1989	2450.14	-22.70	18.60	-17.22	1.29
1990	2746.18	12.08	22.18	19.25	1.48
1991	3334.98	21.44	28.45	28.27	1.61

二、旅游市场的快速发展期（1992-2003）

在 1992 年，我国明确了建立社会主义市场经济体制的改革目标，随着经济制度改革的逐渐深入，国家旅游局直属企业与国家旅游局正式实施政企分离，《中外合资旅行社试点暂行办法》和《中国公民出国旅游管理办法》逐步实施，"全国旅游标准化基础委员会"成立，旅游市场秩序整顿等工作相继展开（表 2-3），表明我国旅游市场的市场化进程、对外开放进程、规范化发展进程获得了快速推进。同时，旅游市场在国民经济中的地位获得了进一步的提高，于 1992 年被确认为第三产业中的重点产业，于 1998 年被确认为国民经济新的增长点，1998 年时则有 24 个省、自治区和直辖市把旅游市场作为支柱产业、重点产业、先导产业进行发展；到 2001 年，"大旅游"观念的提出则进一步凸显了旅游市场的辐射性、系统性影响；2002 年，旅游市场在国内不同区域间的均衡发展正式被提上了全国旅游工作会的议事日程（表 2-3）。

表 2-3 1992-2003 年间促进我国旅游市场发展的产业政策

时间	发起或发布	产业政策内容	对旅游市场发展的影响
1992	国家旅游局、民航局	联合举办"中国友好观光年"，成为主题年活动的开端年	多部门、多行业开始联合实施大型的旅游促销活动
1992.6	中共中央、国务院	《关于加快发展第三产业的决定》进一步明确旅游业是第三产业的重点	多数省级行政区把旅游市场列为支柱产业、重点产业或先导产业
1993	国家旅游局	成立"全国旅游标准化基础委员会"	旅游市场的规范化发展被纳入了日程
1996	国务院	发布《旅行社管理条例》	引导、规制一、二、三类旅行社向国际旅行社、国内旅行社转变
1998		国家旅游局直属企业与国家旅游局正式实施政企分离	旅游管理体制改革持续深化
1998	中央经济工作会议	房地产业、信息业被确定为国民经济新的增长点	进一步明确了旅游市场的地位
1999	国家旅游局、对外经济贸易部	联合发布《中外合资旅行社试点暂行办法》	旅行社市场进一步开放

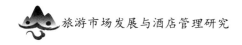旅游市场发展与酒店管理研究

（续表）

时间	发起或发布	产业政策内容	对旅游市场发展的影响
2000	国务院	发布了《全国年节及纪念日放假办法》和《关于进一步发展假日旅游的意见》，设立了全国假日旅游部际协调会议制度。	旅游管理从供给管理延伸，促进了假日经济的发展
2000	十五届五中全会	把旅游业作为国民经济的新增长点进行培育。	旅游市场受重视的程度进一步提高
2001	国务院	发布《关于进一步加强旅游业发展的通知》，提倡树立大旅游观念，大力发展入境旅游，丰富优化旅游产品，整顿秩序。	确立了旅游业发展的指导思想，提出进一步加快旅游业的发展，把我国建设成为世界旅游强国。
2002.1	全国旅游工作会议	整顿旅游市场秩序，加快西部地区和西藏旅游业发展步伐，加快旅游行业改革	促进旅游市场的规范与区域的均衡发展
2002.6	国家旅游局	《中国公民出国旅游管理办法》	规范旅行社组织中国公民出过旅游活动
2002.10	国家旅游局	发布《全国农业旅游示范点、工业旅游示范点检查标准（试行）》	丰富和优化旅游产品，促进经济结构调整，促进三次产业间的融合。

54

（续表）

时间	发起或发布	产业政策内容	对旅游市场发展的影响
2003.6	国家旅游局、商务部	发布《设立外商控股、外商独资旅行社暂行规定》	进一步扩大旅游对外开放，促进旅行社业发展
2003.11	中央经济工作会议	要从战略和全局的高度认识服务业的重要地位……，要促进餐饮、旅游等传统服务业的充分竞争	旅游市场的经济作用再次被确认

  与起步期市场格局较为单一不同，在 20 世纪 90 年代，除入境旅游规模持续扩大外，国内旅游市场也获得了快速发展。其中，在 1992 年我国入境过夜旅游者人数、入境旅游外汇收入分别位居世界的第 9 名、第 17 名，但发展到 2002 年时，其排名均提升至第 5 位（国家统计局国民经济综合统计司，2010）。同时，国民经济的快速发展、1995 年实施的双休日制度与 2000 年实施的"黄金周"制度，在相当程度上激发了国内旅游这种内生性消费需求；1997 年的亚洲金融风暴，则客观推动了国内旅游这种扩大内需消费形式的发展。在上述因素推动下，国内旅游人数从 1992 年的 3.3 亿人次增加到了 2002 年 8.78 亿人次；国内旅游收入从 1992 年的 250 亿元增加到了 2002 年 3878.4 亿元（表 2-4）。此外，在 1992 年我国旅游收入占 GDP 的比重为 1.74%，到 2002 年时该比重则上升到了 4.63%。但是，受 2003 年"非典"事件的冲击，我国旅游市场的发展呈现出全面下滑态势，我国旅游收入占 GDP 的比重比 2002 年下降了 1.03%。

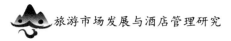

表 2-4 1992-2003 年间我国旅游发展统计表

年份	入境旅游				国内旅游				旅游收入占 GDP 的比值（%）
	旅游人次数（万人）	增长率(%)	收入（亿美元）	增长率（%）	旅游人次（百万）	增长率（%）	收入（亿元）	增长率（%）	
1992	3811.49	14.29	39.47	38.70	330	10.00	250	25.00	1.74
1993	4152.69	8.95	46..83	18.65	410	24.24	864	245.60	3.21
1994	4368.50	5.20	73.23	56.37	524	27.80	1023.5	18.46	3.43
1995	4638.65	6.18	87.33	19.25	629	20.04	1375.7	34.41	3.46
1996	5112.75	10.22	102.00	16.80	640	1.75	1638.4	19.09	3.49
1997	5758.79	12.64	120.74	18.37	644	0.63	2112.7	28.95	3.94
1998	6347.84	10.23	126.02	4.37	695	7.84	2391.2	18.43	4.46
1999	7279.56	14.68	140.99	11.88	719	3.56	2831.9	18.43	4.46

　　此外，用某一地区的某一行业占全国同行业的份额粗略反映我国旅游市场的空间集聚情况，结果表明（表 2-5），1997-2003 年间我国旅游市场的发展主要集中在东部地区，特别是东部地区的入境旅游收入占全国入境旅游收入的比重一直维持在 83%以上且较为稳定。但同时，东部地区旅游总收入占全国旅游总收入的比重也呈现出了缓慢的下降趋势。与旅游市场在东部地区集聚的情况相对应，中、西部地区旅游总收入占全国旅游总收入的比重较低，特别是入境旅游收入占全国的比例均在 10%下。但同时，中、西部地区旅游总收入占全国旅游总收入的比重也呈现出了缓慢的上升趋势。

表 2-5 1997-2203 东部、中部、西部入境旅游收入对比

年份	东部地区				中部地区				西部地区			
	总收入	占全国比例（%）	入境旅游收入	占全国比例（%）	总收入	占全国比例（%）	入境旅游收入	占全国比例（%）	总收入	占全国比例（%）	入境旅游收入	占全国比例（%）
1997	3803.5	72.16	853213.3	84.08	822.32	15.60	7152.47	7.05	645.26	12.24	90045.6	8.87
1998	4209.4	71.29	892056.8	84.71	945.15	16.01	63708.3	6.05	750.22	12.71	97259.7	9.24
1999	4811.2	69.13	983931.5	83.96	1145.1	16.45	75691.6	6.46	1002.9	14.41	112274.	9.58
2000	5666.7	69.07	1174053.	84.42	1355.1	16.52	93623.4	6.73	1181.9	14.41	123013.	8.85
2001	6525.4	67.92	1301584.	83.69	1657.6	17.25	116636.	7.50	1424.4	14.83	137021.	8.81
2002	7729.3	68.37	1510326.	83.51	1944.5	17.20	139464.	7.71	1631.2	14.43	158707.	8.78
2003	7414.6	67.68	1245754.	87.57	1840.8	16.80	72277.6	5.08	1700.0	15.52	104630.	7.35

三、旅游市场发展的调整优化期（2004-2011）

2003 年发生的"非典"、2008 年发生的金融危机均对中国旅游市场的发展造成了巨大的负面冲击，我国加入 WTO 以后对相关产业的保护期限也逐渐临近，同时，民生关注及生态文明建设也逐步提上了日程，在上述国际社会经济环境、国内发展环境发生重大变化的情况下，调整与优化发展逐渐成为我国旅游市场发展的主要导向。2004 年 1 月份召开了全国旅游工作会议，在工作报告《努力实现我国旅游业的全面恢复与振兴》中，明确提出了"优化旅游市场结构，提高旅游市场素质"，此后，围绕着旅游市场质量的提升，《国务院关于加快服务业的若干意见》《旅游服务质量提升纲要（2009-2015）》《全国旅游标准化发展规划（2009-2015）》及其试点、《关于加强监督管理规范旅游市场秩序的工作意见》等一系列产业政策相继出台、实施（表 2-6）。旅游市场的对外开放状态也获得了进一

步深化，特别是加大了促进国际合作、引进国外先进旅行社经营模式的步伐。此外，在旅游市场的调整优化过程中，旅游管理体制也逐渐由政府主导向政府引导、监管转化，且更加强调旅游市场发展带来的综合效益，如环境保护、文化继承与传播、国民素质提升等。

表 2-6 2004-2011 年间促进我国旅游市场发展的产业政策

时间	发起或发布	产业政策内容	对旅游市场发展的影响
2004.1	全国旅游工作会议	工作报告《努力实现我国旅游业的全面恢复与振兴》提出优化旅游市场结构，提高旅游市场素质	推动旅游市场结构的优化与转型
2005.6	国家旅游局、国家环保总局	发布《关于进一步加强旅游生态环境保护工作的通知》	促进旅游业的可持续发展
2006.4	国家旅游局、公安部、国台办	发布《大陆居民赴台湾地区旅游管理办法》	大陆居民赴台湾地区旅游启动
2007.3	国务院	发布《国务院关于加强服务业的若干意见》	优化服务业发展结构、调整服务业发展布局、优化服务业发展环境
2010.9	国家旅游局、商务部	发布《中外合资旅行社试点经营处境旅游业务监管暂行办法》	加快对外开放和国际合作，引进国际先进的旅行社经营模式，促进我国旅行社业的转型升级
2011	国家旅游局	发布《关于加强监督管理规范旅游市场秩序的工作意见》	进一步规范旅游市场秩序，不断提高旅游服务质量

旅游市场发展方面，国内旅游持续增长，出境旅游获得了良好发育，入境旅游规模也达到了新的水平，我国的旅游市场真正发展成为三足鼎力的格局（表 2-7）。其中，国内旅游出游人次从 2004 年的 11.02 亿人次增长到 2011 年的 26.41 亿人次，国内旅游收入相应从 4710.71 亿元人民币增长到 19305.39 亿元人民币。在 2008 年之前，国际旅游贸易额一致保持顺差状态，但从 2009 年起，出境旅游消费额开始大于入境旅游收入额，且其逆差有进一步扩大的趋势。

表 2-7 2004-2011 年间我国旅游市场的空间集聚特征

1年份	入境旅游				国内旅游				处境旅游	
	旅游人次数（万人）	增长率（万人）	收入（亿美元）	增长率（%）	旅游人次数（万人）	增长率（万人）	收入（亿美元）	增长率（%）	消费（亿美元）	增长率（%）
2004	10903.82	18.96	257.39	47.87	1102	26.67	4710.71	36.85	191.49	26.09
2005	12029.23	10.32	292.96	13.82	1212	9.98	5285.86	12.21	217.59	13.63
2006	12494.21	3.87	339.49	15.88	1394	15.02	6229.70	17.86	243.22	11.78
2007	13187.33	5.55	419.19	23.48	1610	15.49	7770.60	24.73	297.86	22.47
2008	13002.74	-1.40	408.43	-2.86	1902	11.10	10183.30	16.39	437.02	20.87
2009	12647.59	-2.73	396.75	-2.86	1902	11.10	10183.30	16.39	437.02	20.87
2010	13376.22	5.76	458.14	15.47	2103	10.57	12579.77	23.53	548.80	25.58
2011	13542.35	1.24	484.64	5.78	2641	25.58	19305.39	53.46	690.00	25.73

此外，在 2004-2011 年间，我国旅游市场的空间集聚特征是（表 2-8）：①东部地区旅游市场收入份额占全国旅游收入的份额仍保持在较高水平，特别是入境旅游收入占全国入境旅游收入比重的最小值仍超过了 78%。②

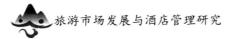

与前期相比，旅游市场的空间集聚表现出了从以东部地区占主导向中西部地区扩散的趋势。以地区旅游总收入占全国旅游总收入的比例为例，在1997年时，东部地区旅游总收入占全国旅游总收入的比例高达72%，但发展到2011年，东部地区旅游总收入占全国旅游总收入的比例已经下降至58%，与此相对应，中、西部地区旅游总收入占全国旅游总收入的比例则分别从1997年的16%和12%上升到了2011年的23%和19%。

表 2-8 以旅游收入份额反应我国东、中、西部地区旅游市场空间集聚程度

年份	东部地区				中部地区				西部地区			
	总收入	占全国比例（%）	入境旅游收入	占全国比例（%）	总收入	占全国比例（%）	入境旅游收入	占全国比例（%）	总收入	占全国比例（%）	入境旅游收入	占全国比例（%）
2004	10011.27	67.34	1758146.36	84.91	2551.01	17.16	136561.96	6.60	4997.38	16.71	313733.88	8.03
2005	11869.24	66.38	2120286.53	84.35	3152.42	17.63	174858.02	6.96	2860.37	16.00	218517.79	8.69
2006	13959.69	64.47	2489413.25	83.66	4019.11	18.56	225767.57	7.59	3673.39	16.97	260493.76	8.75
2007	16782.81	63.38	3026823.87	82.87	5119.06	19.33	295672.44	8.10	4579.84	17.29	329887.48	9.03
2008	18681.27	62.46	3240869.62	82.95	6231.61	20.83	352284.02	9.02	4997.38	16.71	313733.88	8.03
2009	21879.91	60.72	3435360.44	82.39	7789.49	21.62	373126.63	8.95	6363.03	17.66	361330.93	8.67
2010	24000.32	57.03	4196696.00	82.17	9875.13	23.46	474318.00	9.29	8209.23	19.51	436311.00	8.54
2011	32591.72	57.82	4674574.00	78.50	12939.88	22.96	596782.00	10.02	10837.37	19.23	683885.00	11.48

四、旅游市场发展的稳步增长期（2012-2019）

2012 年之后，我们旅游人次稳步增长，以下为 2015-2018 年国家旅游局发布的市场基本情况。

（一）2015 年中国旅游业统计公报

2015 年，我国旅游业发展较为平稳。国内旅游市场持续高速增长，入境旅游市场企稳回升，出境旅游市场增速放缓。国内旅游人数 40 亿人次，收入 3.42 万亿元人民币，分别比上年增长 10.5%和 13.0%；入境旅游人数 1.34 亿人次，实现国际旅游收入 1136.5 亿美元，分别比上年增长 4.1%和 7.8%；中国公民出境旅游人数达到 1.17 亿人次，旅游花费 1045 亿美元，分别比上年增长 9.0%和 16.6%；全年实现旅游业总收入 4.13 万亿人民币，同比增长 11%。全年全国旅游业对 GDP 的直接贡献为 3.32 万亿元，占 GDP 总量比重为 4.9%；综合贡献为 7.34 万亿元，占 GDP 总量的 10.8%。旅游直接就业 2798 万人，旅游直接和间接就业 7911 万人，占全国就业总人口的 10.2%。

1. 国内旅游

——全国国内旅游人数 40.0 亿人次，比上年增长 10.5%。其中：城镇居民 28.1 亿人次，农村居民 11.9 亿人次。

——全国国内旅游收入 34195.1 亿元人民币，比上年增长 13.0%。其中：城镇居民旅游消费 27610.9 亿元，农村居民旅游消费 6584.2 亿元。

——全国国内旅游出游人均花费 857.0 元。其中:城镇居民国内旅游出游人均花费 985.5 元，农村居民国内旅游出游人均花费 554.2 元。

——在春节、"十一"两个长假中，全国共接待国内游客 7.9 亿人次，实现旅游收入 5661.3 亿元。

2. 入境旅游

——入境旅游人数 13382.0 万人次，比上年同期增长 4.1%。其中：外

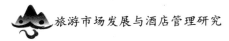

国游客 2598.5 万人次，下降 1.4%；香港同胞 7944.8 万人次，增长 4.4%；澳门同胞 2288.8 万人次，增长 10.9%；台湾同胞 549.9 万人次，增长 2.5%。

——入境过夜游客人数 5688.6 万人次，比上年同期增长 2.3%。其中：外国游客 2028.6 万人次，下降 2.5%；香港同胞 2709.0 万人次，增长 4.7%，澳门同胞 466.6 万人次，增长 10.9%，台湾同胞 484.4 万人次，增长 2.5%。

——国际旅游收入 1136.5 亿美元，比上年同期增长 7.8%。

3. 出境旅游

——我国公民出境旅游人数达到 1.17 亿人次，比上年同期增长 9.0%。

——经旅行社组织出境旅游的总人数为 4643.5 万人次，增长 18.6%，其中：组织出国游 3231.48 万人次，增长 30.5%；组织港澳游 1013.92 万人次，下降 4.3%；组织台湾游 398.10 万人次，增长 5.1%。

——出境旅游花费 1045 亿美元，比上年增长 16.6%。

4. 旅行社规模和经营

——截至年末，全国纳入统计范围的旅行社共有 27621 家，比上年末增长 3.6%。

——截至年末，全国旅行社资产总额 1343.0 亿元，比上年增长 2.5%；各类旅行社共实现营业收入 4189.0 亿元，比上年增长 4.0%；营业税金及附加 16.1 亿元，比上年下降 2.9%。

——全年，全国旅行社共招待入境游客 1416.3 万人次、比上年增长 0.4%，经旅行社接待的入境游客为 1978.8 万人次、比上年下降 1.2%。

——全年，全国旅行社共组织国内过夜游客 13676.1 万人次，分别比上年增长 4.3%；经旅行社接待的国内过夜游客为 15335.5 万人次、比上年增长 6.1%。

5. 星级饭店规模和经营

截至年末，全国纳入星级饭店统计管理系统的星级饭店共计 12327 家，其中有 10550 家完成了 2015 年财务状况表的填报，并通过省级旅游行政管理部门审核。10550 家星级饭店财务数据显示：

——全国 10550 家星级饭店，拥有客房 146.3 万间，床位 259.4 万张；

拥有固定资产原值 5461.3 亿元；实现营业收入总额 2106.8 亿元；上缴营业税金 136.5 亿元；全年平均客房出租率为 54.2%。

——在 10550 家星级饭店中：五星级饭店 789 家，四星级饭店 2375 家，三星级饭店 5098 家，二星级饭店 2197 家，一星级饭店 91 家。

——全国 2426 家国有星级饭店，2015 年共实现营业收入 503.4 亿元，上缴营业税 27.4 亿元。

——全国外商和港澳台投资兴建的 383 家星级饭店，全年共实现营业收入 203.1 亿元；上缴营业税 11.3 亿元。

6. 旅游教育培训情况

——截至年末，全国共有高等旅游院校及开设旅游系（专业）的普通高等院校 1518 所，比上年末增加 396 所，在校生 57.1 万人，增加 13.6 万人；

中等职业学校 789 所，比上年末减少 144 所，在校学生 22.6 万人，减少 9.2 万人。两项合计，旅游院校总数 2307 所，在校学生为 79.7 万人。

——全年，全行业在职人员培训总量达 475.4 万人次，比上年增加 13.3 万人次，增长 2.9%。

（二）2016 年中国旅游业统计公报

2016 年，全域旅游推动旅游经济实现较快增长。国内旅游市场持续高速增长，入境旅游市场平稳增长，出境旅游市场增速进一步放缓。国内旅游人数 44.4 亿人次，收入 3.94 万亿元，分别比上年增长 11% 和 15.2%；入境旅游人数 1.38 亿人次，实现国际旅游收入 1200 亿美元，分别比上年增长 3.5% 和 5.6%；中国公民出境旅游人数达到 1.22 亿人次，旅游花费 1098

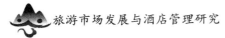

亿美元，分别比上年增长 4.3% 和 5.1%；全年实现旅游业总收入 4.69 万亿元，同比增长 13.6%。全年全国旅游业对 GDP 的综合贡献为 8.19 万亿元，占 GDP 总量的 11.01%。旅游直接就业 2813 万人，旅游直接和间接就业 7962 万人，占全国就业总人口的 10.26%。

1. 国内旅游

——全国国内旅游人数 44.4 亿人次，比上年增长 11%。其中：城镇居民 31.95 亿人次，农村居民 12.40 亿人次。

——全国国内旅游收入 3.94 万亿元，比上年增长 15.2%。其中：城镇居民旅游消费 3.22 万亿元，农村居民旅游消费 0.71 万亿元。

——全国国内旅游出游人均花费 888.2 元。其中：城镇居民国内旅游出游人均花费 1009.1 元，农村居民国内旅游出游人均花费 576.4 元。

——在春节、"十一"两个长假中，全国共接待国内游客 8.95 亿人次，实现旅游收入 8473 亿元。

2. 入境旅游

——入境旅游人数 1.38 亿人次，比上年同期增长 3.5%。其中：外国游客 2815 万人次，增长 8.3%；香港同胞 8106 万人次，增长 2.0%；澳门同胞 2350 万人次，增长 2.7%；台湾同胞 573 万人次，增长 4.2%。

——入境过夜游客人数 5927 万人次，比上年同期增长 4.2%。其中：外国游客 2165 万人次，增长 6.7%；香港同胞 2772 万人次，增长 2.3%，澳门同胞 481 万人次，增长 3.1%，台湾同胞 509 万人次，增长 5.0%。

——国际旅游收入 1200 亿美元，比上年同期增长 5.6%。

3. 出境旅游

——我国公民出境旅游人数达到 1.22 亿人次，比上年同期增长 4.3%。

——经旅行社组织出境旅游的总人数为 5727.1 万人次，增长 23.3%，其中：组织出国游 4498.4 万人次，增长 39.2%；组织港澳游 918.0 万人次，下降 9.5%；组织台湾游 310.8 万人次，下降 21.9%。

——我国公民出境旅游目的地新增国家为：马其顿、亚美尼亚、塞内加尔、哈萨克斯坦。

——出境旅游花费 1098 亿美元，比上年增长 5.1%。

4. 旅行社规模和经营

——截至年末，全国纳入统计范围的旅行社共有 27939 家，比上年末增长 1.2%。

——截至年末，全国旅行社资产总额 1277.9 亿元，比上年下降 4.8%；各类旅行社共实现营业收入 4643.1 亿元，比上年增长 10.8%；营业税金及附加 10.4 亿元，比上年下降 35.4%。

——全年，全国旅行社共招待入境游客 1445.7 万人次、比上年增长 2.1%，经旅行社接待的入境游客为 1942.9 万人次、比上年下降 1.8%。

——全年，全国旅行社共组织国内过夜游客 15604.9 万人次、比上年增长 14.1%；经旅行社接待的国内过夜游客为 17088.6 万人次、比上年增长 11.4%。

5. 星级饭店规模和经营

截至年末，全国纳入星级饭店统计管理系统的星级饭店共计 11685 家，其中有 9861 家完成了 2016 年财务状况表的填报，并通过了省级旅游行政管理部门的审核。9861 家星级饭店财务数据显示：

——全国 9861 家星级饭店，拥有客房 142.0 万间，床位 248.3 万张；

拥有固定资产原值 5174.5 亿元；实现营业收入总额 2027.3 亿元；上缴营业税金 66.9 亿元；全年平均客房出租率为 54.7%。

——在 9861 家星级饭店中：五星级饭店 800 家，四星级饭店 2363 家，三星级饭店 4856 家，二星级饭店 1771 家，一星级饭店 71 家。

——全国 2254 家国有星级饭店，2016 年共实现营业收入 483.7 亿元，

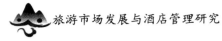

上缴营业税 13.1 亿元。

——全国外商和港澳台投资兴建的 379 家星级饭店，全年共实现营业收入 246.2 亿元；上缴营业税 6.3 亿元。

6.旅游教育培训情况

——截至年末，全国共有高等旅游院校及开设旅游系（专业）的普通高等院校 1690 所，比上年末增加 172 所，在校生 44.04 万人，减少 13.1 万人；中等职业学校 924 所，比上年末增加 135 所，在校学生 23.2 万人，增加 0.6 万人。两项合计，旅游院校总数 2614 所，在校学生为 67.2 万人。

——全年，全行业从业人员教育培训总量达 474.5 万人次，比上年减少 0.9 万人次，降低 0.2%。

（三）2017 年全年旅游市场及综合贡献数据报告

2017 年，国内旅游市场高速增长，入出境市场平稳发展，供给侧结构性改革成效明显。国内旅游人数 50.01 亿人次，比上年同期增长 12.8%；入出境旅游总人数 2.7 亿人次，同比增长 3.7%；全年实现旅游总收入 5.40 万亿元，增长 15.1%。初步测算，全年全国旅游业对 GDP 的综合贡献为 9.13 万亿元，占 GDP 总量的 11.04%。旅游直接就业 2825 万人，旅游直接和间接就业 7990 万人，占全国就业总人口的 10.28%。

1.全年国内旅游收入增长

根据国内旅游抽样调查结果，2017 年全年，国内旅游人数 50.01 亿人次，比上年同期增长 12.8%。其中，城镇居民 36.77 亿人次，增长 15.1%；农村居民 13.24 亿人次，增长 6.8%。国内旅游收入 4.57 万亿元，上年同期增长 15.9%。其中，城镇居民花费 3.77 万亿元，增长 16.8%；农村居民花费 0.80 万亿元，增长 11.8%。

2.增长全年入境过夜旅游人数

增长 2.5%，2017 年全年，入境旅游人数 13948 万人次，比上年同期增长 0.8%。其中：外国人 2917 万人次，增长 3.6%；香港同胞 7980 万人次，下降 1.6%；澳门同胞 2465 万人次，增长 4.9%；台湾同胞 587 万人次，增长 2.5%。入境旅游人数按照入境方式分，船舶占 3.3%，飞机占 16.5%，火车占 0.8%，汽车占 22.2%，徒步占 57.2%。

2017 年全年，入境过夜旅游人数 6074 万人次，比上年同期增长 2.5%。其中：外国人 2248 万人次，增长 3.8%；香港同胞 2775 万人次，增长 0.1%；澳门同胞 522 万人次，增长 8.6%；台湾同胞 529 万人次，增长 4.0%。

3. 全年国际旅游收入

2017 年全年，国际旅游收入 1234 亿美元，比上年同期增长 2.9%。其中：外国人在华花费 695 亿美元，增长 4.1%；香港同胞在内地花费 301 亿美元，下降 1.5%；澳门同胞在内地花费 83 亿美元，增长 8.0%；台湾同胞在大陆花费 156 亿美元，增长 4.0%。

4. 全年入境外国游客亚洲占比

2017 年全年，入境外国游客人数 4294 万人次（含相邻国家边民旅华人数），亚洲占 74.6%，美洲占 8.2%，欧洲占 13.7%，大洋洲占 2.1%，非洲占 1.5%，其他国家占 0.0%。其中：按照年龄分，14 岁以下人数占 3.1%，15-24 岁占 13.2%，25-44 岁占 49.9%，45-64 岁占 29.2%，65 岁以上占 4.5%；按性别分，男占 60.7%，女占 39.3%；按目的分，会议/商务占 13.3%，观光休闲占 37.1%，探亲访友占 2.6%，服务员工占 14.8%，其他占 32.3%。

2017 年全年，按入境旅游人数排序，我国主要客源市场前 17 位的国家如下（其中缅甸、越南、俄罗斯、蒙古、印度含边民旅华人数）：缅甸、越南、韩国、日本、俄罗斯、美国、蒙古、马来西亚、菲律宾、新加坡、印度、加拿大、泰国、澳大利亚、印度尼西亚、德国、英国。

5. 全年中国公民出境旅游人数

2017 年全年，中国公民出境旅游人数 13051 万人次，比上年同期增长 7.0%。

（四）2018 年旅游市场基本情况

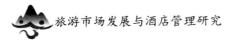

2018 年文旅融合开局顺利，按照"宜融则融、能融尽融；以文促旅、以旅彰文"的工作思路，以文化拓展旅游经济发展空间，以供给侧改革促进品质旅游发展，不断增强民众对旅游的获得感。国内旅游市场持续高速增长，入境旅游市场稳步进入缓慢回升通道，出境旅游市场平稳发展。全年，国内旅游人数 55.39 亿人次，比上年同期增长 10.8%；入出境旅游总人数 2.91 亿人次，同比增长 7.8%；全年实现旅游总收入 5.97 万亿元，同比增长 10.5%。初步测算，全年全国旅游业对 GDP 的综合贡献为 9.94 万亿元，占 GDP 总量的 11.04%。旅游直接就业 2826 万人，旅游直接和间接就业 7991 万人，占全国就业总人口的 10.29%。

1. 国内旅游人数增长

根据国内旅游抽样调查结果，国内旅游人数 55.39 亿人次，比上年同期增长 10.8%。其中，城镇居民 41.19 亿人次，增长 12.0%；农村居民 14.20 亿人次，增长 7.3%。国内旅游收入 5.13 万亿元，上年同期增长 12.3%。其中，城镇居民花费 4.26 万亿元，增长 13.1%；农村居民花费 0.87 万亿元，增长 8.8%。

2. 外国人入境旅游人数和入境过夜旅游人数增长

入境旅游人数 14120 万人次，比上年同期增长 1.2%。其中：外国人 3054 万人次，增长 4.7%；香港同胞 7937 万人次，下降 0.5%；澳门同胞 2515 万人次，增长 2.0%；台湾同胞 614 万人次，增长 4.5%。入境旅游人数按照入境方式分，船舶占 3.3%，飞机占 17.3%，火车占 1.4%，汽车占 22.3%，徒步占 55.7%。

入境过夜旅游人数 6290 万人次，比上年同期增长 3.6%。其中：外国人 2364 万人次，增长 5.2%；香港同胞 2820 万人次，增长 1.6%；澳门同胞 553 万人次，增长 5.9%；台湾同胞 553 万人次，增长 4.5%。

3. 国际旅游收入

国际旅游收入 1271 亿美元，比上年同期增长 3.0%。其中：外国人在华花费 731 亿美元，增长 5.1%；香港同胞在内地花费 291 亿美元，下降

3.3%；澳门同胞在内地花费 87 亿美元，增长 5.0%；台湾同胞在大陆花费 163 亿美元，增长 4.5%。

4.入境外国游客亚洲占比

入境外国游客人数 4795 万人次（含相邻国家边民旅华人次），亚洲占 76.3，美洲占 7.9%，欧洲占 12.5%，大洋洲占 1.9%，非洲占 1.4%。其中：按年龄分，14 岁以下人数占 3.4%，15-24 岁占 13.7%，25-44 岁占 49.9%，45-64 岁占 28.4%，65 岁以上占 4.6%；按性别分，男占 59.6%，女占 40.4%；按目的分，会议商务占 12.8%，观光休闲占 33.5%，探亲访友占 2.8%，服务员工占 15.5%，其他占 35.3%。

按入境旅游人数排序，我国主要客源市场前 17 位国家如下：缅甸、越南、韩国、日本、美国、俄罗斯、蒙古、马来西亚、菲律宾、新加坡、印度、加拿大、泰国、澳大利亚、印度尼西亚、德国、英国（其中缅甸、越南、俄罗斯、蒙古、印度含边民旅华人数）。

5.中国公民出境旅游人数

中国公民出境旅游人数 14972 万人次，比上年同期增长 14.7%。

（五）2019 年旅游市场基本情况

2019 年，旅游经济继续保持高于 GDP 增速的较快增长。去年旅游总收入为 6.63 万亿元，同比增长 11%；旅游业对 GDP 的综合贡献为 10.94 万亿元，占 GDP 总量的 11.05%；旅游直接就业 2825 万人，旅游直接和间接就业 7987 万人，占全国就业总人口的 10.31%。

2019 年，国内旅游市场和出境旅游市场稳步增长，入境旅游市场基础更加稳固。2019 年国内旅游人数 60.06 亿人次，比上年同期增长 8.4%；国内旅游收入 5.73 万亿元，比上年同期增长 11.7%。去年全年，出入境旅游总人数 3.0 亿人次，同比增长 3.1%，其中，入境旅游人数 1.45 亿人次，比上年同期增长 2.9%；中国公民出境旅游人数达到 1.55 亿人次，比上年同期增长 3.3%。

《2019 年旅游市场基本情况》显示，2019 年，从外国入境旅游的 1.45 亿人次中，有 3188 万人次为外国人，8050 万人次为香港同胞，2679 万人次为澳门同胞，613 万人次为台湾同胞。去年全年实现的国际旅游收入为 1313 亿美元，比上年同期增长 3.3%。其中外国人在华花费 771 亿美元，香港同胞在内地花费 285 亿美元，澳门同胞在内地花费 95 亿美元，台湾同胞在大陆花费 162 亿美元。

此外，2019 年入境外国游客人数中（含相邻国家边民旅华人员），亚洲占 75.9%，美洲占 7.7%，欧洲占 13.2%，大洋洲占 1.9%，非洲占 1.4%。按入境旅游人数排序，我国主要国际客源市场的前 20 名国家为缅甸、越南、韩国、俄罗斯、日本、美国、蒙古、马来西亚、菲律宾、新加坡、印度、泰国、加拿大、澳大利亚、印度尼西亚、德国、英国、朝鲜、法国、意大利（其中缅甸、越南、蒙古、印度、朝鲜含边民旅华人数）。

第三节 旅游市场产业概念和范围

按照三次产业的划分标准，旅游市场属于第三产业，其主要功能是作为市场中的综合性经济主体为旅游消费者提供有形和无形的旅游产品或服务。同时由于旅游市场自身的产业关联性强、生产与消费的同时性、产品有形与无形的结合性，所以，学术界关于旅游市场范围的界定并不统一。其主要有以下观点：

以满足旅游者"食、住、行、游、娱、购"需求属性来划分旅游业，"凡是提供满足旅游消费者在旅游过程中食、住、行、游、娱、购等方面需求的综合产品和服务的部门或企业的集合就是旅游市场，包括旅行社、旅游住宿设施、旅游景区、旅游车船公司等多个行业"（张梦，2005）。以"为旅游需求引致的旅游活动提供产品或服务的行业"基准来划分旅游市场，旅游市场被划分为三个层次，第一层次为与旅游活动直接相关、完全依赖于旅游活动，是直接向旅游者提供产品和服务的企业总和，这些企业对旅游活动有极大的依存度，没有旅游活动这些企业就没法生存，主要为"食、住、行、游、娱、购"相关企业组成的旅游核心产业（Middleton，1988）；第二层次为与旅游活动较大相关、对旅游活动有较大依存度的企业总和，没有旅游活动这些企业会显著衰退，包括运输业、零售业、餐饮业、娱乐服务业（Smith，2000）；第三层次将旅游市场视为一个复杂而庞大的产业系统，只要是为旅游活动提供服务的行业均可归于旅游市场。

不仅包括与旅游活动直接和间接相关的企业总和，还包括与旅游活动部分相关但没有显著依赖，不直接向旅游者提供产品和服务，但却向旅游相关行业提供产品和服务的企业总和（宋子千，廉月娟，2007）。可见"为旅游需求引致的旅游活动提供产品或服务的行业"的划分基准使得旅游市场成为随旅游需求变化而不断变动产业边界的动态产业系统，在传统六要素的旅游核心产业基础上不断扩大，成为一个不同于传统产业的"泛产业"。对于本书研究而言，既不能局限于六大核心产业的研究，而忽视对旅游市场系统中其他旅游关联产业和行业的研究，也不能一味将与旅游活动相关但关联度低的行业或部门纳入旅游市场，造成旅游市场边界无限突破和产业经济效应的过分夸大，因此合理划分旅游市场及界定本书旅游市场的范围就显得尤为重要。

表 2-9 旅游活动相关产业的三个层次

与旅游的相关程度	行业	备注
直接相关（与旅游活动相关的业务占绝对比重）	旅游业	包括经营旅游业务的各类旅行社和旅游公司等部门的活动，不包括接待旅游活动的饭店、公园等活动
	旅馆业	包括宾馆、旅馆及招待所、大车店等

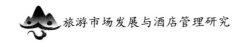

（续表）

与旅游的相关程度	行业	备注
直接相关（与旅游活动相关的业务占绝对比重）	公共设施服务业	包括市内公共交通业、园林绿化业、自然保护区管理业、风景名胜区管理业、环境卫生业、市政工程管理业及其他公共服务业
较大相关（与旅游活动相关的业务占较大比重）	铁路运输业	
	公路运输业	
	水上运输业	
	航空运输业	
	其他交通运输业	
	零售业	
	餐饮业	
	娱乐服务业	包括卡拉 OK 歌舞厅、电子游戏厅、游乐园、夜总会等活动
间接相关（与旅游活动相关的业务占较小比重）	农业	
	林业	
	畜牧业	
	渔业	
	食品加工业	

（续表）

与旅游的相关程度	行业	备注
间接相关（与旅游活动相关的业务占较小比重）	食品制造业	
	饮料制造业	
	纺织业	
较大相关（与旅游活动相关的业务占较大比重）	服装及其他纤维制品制造业	
	木材加工及竹、廉、棕、草制品业	
	印刷业	
	文教体育用品制造业	
	日用金属制品业	
	其他制造业	
	土木工程建筑业	
	线路、管道和设备安装业	
	邮电通信业	
	食品、饮料、烟草和家庭日用品批发业	

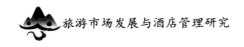

（续表）

与旅游的相关程度	行业	备注
较大相关（与旅游活动相关的业务占较大比重）	其他批发业	
	保险业	
	金融业	
间接相关（与旅游活动相关的业务占较小比重）	房地产开发与经营业	
	房地产管理业	
	信息、咨询服务业	
	租赁服务业	
	教育业	
	文化艺术业	
	广播电影电视业	
	环境保护业	
	工程设计业	
	国家机关	
	社会团体	

　　第三层次的泛旅游市场则包括了我国《国民经济行业分类》中与旅游活动相关的诸多行业。如魏小安等（2003）将《国民经济行业分类》（GB/T4754-94）中与旅游活动相关的行业按相关程度做了分类，将其划分为三个层次，如表 2-9 所示。并认为应根据与旅游活动相关业务所占比重的

大小将与旅游活动直接相关和较大相关的行业列为旅游基本行业，以此作为旅游行业分类的统计口径。上述国民经济行业分类和旅游卫星账户相关内容和条目分析为本书界定旅游市场的产业范围提供了科学的、可操作性强的理论依据。城市旅游市场研究应立足于对旅游市场体系所涵盖范围的把握，需要系统而全面地反映旅游市场各个方面的基本特征。在城市旅游市场体系中，既包括了旅游核心产业，也包括了旅游市场所涉及的延伸产业和行业，充分体现出城市各关联产业对城市旅游市场发展的影响和支撑。又考虑到目前《中国旅游统计年鉴》采集旅游经济数据的统计口径对应的"旅游业"为星级饭店、旅行社、旅游景区（点）和旅游车船公司等旅游行业，这些行业构成了旅游核心产业，也包括在国民经济行业分类中的旅游基本产业和旅游卫星账户中的旅游特征产业之内。因而出于避免泛化旅游市场和对我国旅游业相关统计数据现状的考虑，本书将以国民经济行业分类中的旅游基本产业和旅游卫星账户中的特征产业为本书旅游市场的产业范围。旅游核心产业、旅游特征产业和泛旅游市场的范畴关系如图 2-3 所示，本书将旅游市场研究范畴界定在旅游核心产业和旅游特征产业两个层面。

图 2-3 本书旅游市场范围界定

本书以城市旅游市场和酒店管理为研究对象，基于上述对旅游市场范围的界定，本书将城市旅游市场视为一个以城市为依托，凭借城市的旅游资源和旅游设施来满足旅游消费者需求，由旅游特征产业的各个行业和部门通过各种形式组成的旅游生产和服务的有机整体。

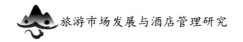

第四节 城市旅游市场发展内涵

城市旅游市场发展是一个以城市为依托、由旅游核心产业主导的产业产生、成长和进化的演进过程，是城市旅游市场总体的各个方面从不合理到合理、从不成熟到成熟、从不协调到协调、从低级到高级的动态演进过程。其内涵包括以下三方面：

一、城市旅游市场的发展特征

城市旅游市场的发展是以城市为依托的，其既是旅游市场相对独立的发展过程，也是依托于城市的发展过程。在城市中旅游市场有其相对集中的产业需求和供给，形成相对独立的市场结构和产业生产经营体系，具有独立的分工领域，旅游市场发展是一个相对独立产业的发展。但同时旅游市场的运行和发展又是以城市为载体的，城市承担着发展旅游市场的产业支持功能，旅游市场的发展依托于城市。主要体现在以下几方面：

第一，城市经济发展带动旅游市场发展。从城市经济发展的量上来看，城市经济的增长使得居民可支配收入水平相应的提高，又因为旅游产品的需求弹性较高，收入的提高拉动了人们对旅游产品的消费，带动了旅游市场的发展。从城市经济发展的质上来看，城市经济的发展促进了城市产业结构的高度化，第一、第二产业在国民经济中所占比重逐渐下降，第三产业所占比重不断上升，城市经济要素优先投入于服务业，服务业获得了较大的发展，旅游市场作为服务业的重要组成部分也随之发展。旅游市场在形成期主要是由经营"吃、住、行、游、购、娱"六大要素的核心产业群构成，旅游交通业、旅游游览业、旅游住宿业、旅游餐饮业、旅游购物业、旅行社和休闲娱乐业等构成了旅游行业（部门）结构的最基本形式，旅游市场属于服务业中较初级的生活服务业。之后随着服务业现代化大发展，旅游业也迅速发展进入了成长期。在这个阶段，旅游市场的原有基础部门获得了现代化的改造和提升，传统的酒店、旅行社等旅游企业不断更新管理理念和运营方式，进入了逐步转型的过程。同时，随着工业化后期的产业延伸和现代企业生产职能的外包，旅游市场的服务对象进一步扩大到了生产者，出现了奖励旅游、会展旅游、节事旅游、商务旅游、培训旅游和旅游咨询、旅游信息服务等新兴的旅游生产性服务业态"。旅游市场由简单的传统服务业逐步发展成为了现代服务业，伴随着服务业的发展经历了由低级向高级的发展过程。而且现代服务业的发展还带动了旅游相关产业的发展，旅游业与其他产业进一步融合，推动新的旅游产品的产生，促进城市旅游市场向纵深层次发展。

第二，城市拥有的有形资源和无形资源是旅游市场发展的物质基础，也是构成原生性旅游产品的现实要素和萌变性旅游产品的潜在开发素材，包括了城市中能对旅游者产生吸引力的一切物质和非物质的、自然的与人文的吸引因素总和。城市资源的丰富与否、质量高低与否都直接影响着城市旅游产品的开发和旅游市场的发展。对于旅游资源的供给，城市资源可以围绕不断变化的旅游需求而不断萌变、转化为旅游资源，当人们的旅游活动从单一的游山玩水向综合的享乐休闲发展时，旅游资源就不再局限于传统的自然风景资源和人文旅游资源，城市地域上的城市景观、民俗风情、产业活动、节庆会展、体育赛事等均可转化为旅游资源开发，成为吸引旅游者的新型旅游产品，如文化旅游、工业旅游、科技旅游、会展旅游、节庆旅游、体育旅游等。

第三，城市的旅游资源区位与交通条件构成了旅游市场的空间竞争力，城市旅游资源禀赋是旅游资源的绝对价值，但是城市旅游市场的发展不仅取决于旅游资源的绝对价值，更取决于旅游资源的相对价值，即城市的旅游资源在空间位置上与邻近区域旅游资源的组合关系。城市是否拥有良好的区位、便捷的交通、发达的区际交通网络、较大的航空、铁路、公路、水路客运量将决定其旅游资源的相对价值、客源市场的规模和旅游市场的发展前景。

第四，城市是一个特殊的旅游区域，在旅游市场的发展过程中城市拥有着多种相互重叠的旅游角色，由旅游门户、旅游集散地、旅游客源地向

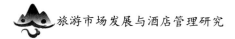

旅游客源地和目的地的综合体转化。由于城市旅游市场提供的旅游产品的

非存储性及生产消费同时性的特点，只有生产要素和人口规模聚集到相当规模，才能形成对旅游产品和服务强大的市场需求。而城市作为人口和经济活动的综合集聚体，旅游市场的发展需要城市资源、要素、人口的集聚，集聚形成的规模报酬递增和外部经济推动了旅游市场规模的不断扩展和结构升级。

二、城市旅游市场的发展的核心内容

城市旅游市场的发展是以旅游核心产业为主导的，本书研究的旅游市场范围是与旅游活动有直接相关和较大相关的多个旅游特征产业组成的，从旅游市场发展的历史可以知道，旅游市场的发展过程并不是所有的特征产业并行发展的过程，也不是不同的特征产业交替发展的过程，而是由旅游核心产业的发展引致、带动其他相关产业的发展，从而共同推进整个旅游市场朝前发展的过程。这些旅游核心产业就是旅游市场发展的主导产业，这些产业的主导性发挥推动了旅游市场的发展。

旅游核心产业是旅游市场发展链上的核心和起点，其包括了旅游住宿业、餐饮业、旅行社、旅游交通运输业、旅游购物业和休闲娱乐业等产业，这些产业紧密围绕旅游核心吸引物，为其提供旅游产品和服务。旅游核心产业的主导，带动了旅游景点的开发建设、星级饭店的建造、特色旅游项目的兴办和旅游购物中心的开设，形成了旅行社、星级饭店、餐厅、旅游商店、车队相配套的完整的主导产业。这些主导产业的发展为后续节点上的直接旅游市场和间接相关产业的发展提出了直接要求，促使直接相关产业和较大相关产业的结构与组织与之对应变化，主导产业与相关产业的联系不断加深，带动整个旅游市场系统的结构有序演变、产业结构合理化和高级化。旅游核心产业的主导发展加快了城市的娱乐服务业、餐饮业、住宿业、铁路运输业、航空、公路、邮政、电信、商业、公共设施服务业等直接、间接相关行业的发展和进一步完善，旅游要素的供给获得了明显改善，旅游市场经济特征日益明显，产业集群优势不断凸显，产业规模不断扩大。同时旅游市场逐渐向国民经济其他间接产业扩展，实现融合发展，从而带动农业、工业、体育、文化、科教等相关产业的发展，形成了多元融合、泛化的旅游市场群，并涌现出农业旅游、工业旅游、科技旅游、文化体育旅游、会展旅游、节庆旅游、商务旅游、旅游咨询、旅游信息服务等融合的新兴业态。城市旅游市场发展是由核心产业为主导推动力，充分发挥主导产业的集聚效应和扩散效应，促进旅游市场结构不断向合理化、高度化演变，旅游市场在城市经济发展中的作用和地位不断提升。

三、城市旅游发展的质量观

城市旅游市场的发展是以数量上和质量上的发展为内容的。城市旅游市场量上的发展包括：旅游市场产出规模的扩大，产业形成规模经济，产业内分工越来越专业化。同时旅游企业规模不断扩大，为获得内部规模经济和范围经济，采取集团化、规模化经营战略，将旅游市场内的"吃、住、行、游、购、娱"各行业整合起来，组建旅游集团公司规模化发展，旅游市场的产业集中度也不断提高。

城市旅游市场在质上的发展包括两方面：一方面为旅游市场结构的高度化。产业结构高度化遵循的是以技术进步为标志带动产业结构整体素质和效率向更高层次不断演进的演化规律，因而旅游市场结构高度化是指在技术进步带动下，旅游市场结构不断向技术密集化、产出高附加值化的方向发展，是旅游市场技术构成不断提高、旅游生产要素的综合利用率不断提升、产业经济效益不断提高的动态过程。旅游市场结构的高度化包括这几个方面：第一，旅游技术结构高度化。科技进步在旅游市场发展中的作用显著提高，新兴技术、高科技技术在旅游市场中的应用范围不断扩大。旅游市场各行业间的经济技术联系也更为紧密，且随着产业分工的不断深化，各行业之间的关联度也进一步提升。第二，旅游收入结构高度化。指

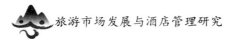

在旅游市场总产出中，餐饮、住宿、交通、游览等基本层次行业产出比重不断下降，娱乐、购物等需求收入弹性高、附加值高的高层次行业产出比重不断上升，并带动旅游市场整体产出迅速增加。第三，旅游就业结构高度化，高级管理人员和技术人员在旅游市场就业人数构成中的比重不断提高，较大幅度提升了旅游就业质量。

另一方面为旅游市场结构的合理化。旅游市场是由与旅游活动直接、间接相关的行业和部门共同构成的复杂而庞大的产业群，因此在研究旅游市场合理化时不仅包括了旅游市场内各行业之间的协调发展，也包括了旅游市场与其他产业间的协调发展。具体包括以下几个方面内容：第一，旅游市场内部构成的合理化。从静态的角度分析旅游市场各行业之间的构成比例关系，各行业之间是否形成有序的主、次排列和分明的轻、重层次；各行业是否能够相互配合、相互服务和相互促进；生产要素在各行业之间的投入比例是否能够相互合理和相互协调；产业内各行业的发展速度和规模是否与旅游消费市场的消费需求与结构相适应；旅游市场整体生产能力是否能得到相应提高。第二，旅游市场发展规模和速度的合理化。从动态的角度分析旅游市场结构的内部合理化和外部合理化。内部合理化指旅游市场内部各行业的增长规模与速度应相互协调、相互平衡，从而避免产业内部各行业间差距过大而造成产业结构失衡。外部合理化指旅游市场的发展是否与国民经济其他产业发展相适应。第三，旅游市场结构动态演变的合理化。旅游市场结构始终处于动态演变的进程中，平衡是一定时期内的相对状态，而动态演变则是旅游市场发展的绝对状态，因此应分析在旅游市场结构的动态演变进程中产业内的各行业之间是否相适应、协调，尤其是从长期上看旅游市场结构的合理化是否与国民经济总体产业结构合理化进程相适应、协调。

第五节 城市旅游市场发展模式

在一个城市的旅游市场发展过程中，如何正确选择发展模式是一个重要的问题。城市旅游市场发展模式是指一个特定时期内，一个城市旅游市场发展的总体方式，既包括了旅游市场的形成、发育方式，也包括了旅游市场发育到特定阶段向高度化和现代化发展的方式。

城市旅游市场发展模式是对某一类型的城市旅游经济系统所作的理论概括和理论抽象，是在特定时期内城市旅游市场形成、发展、演进的总体方式，体现了城市旅游市场的发展方向和发展特征。城市旅游市场发展模式具有四点特性：

一、高度概括性

城市旅游市场发展模式是一个城市旅游市场发展的总体方式，可以高度概括一定时期内一个城市在旅游市场发展过程的战略总体思想和基本发展特征，充分体现一个城市旅游市场的发展方向和发展重点。

二、特定阶段性

城市旅游市场发展模式体现的是旅游市场在某一时期的发展方向和发展特征。

三、相对稳定性

在特定阶段内，城市旅游市场发展模式一旦确立，则旅游市场在城市经济系统中的基本性质和发展方式就得到明确，并在特定阶段内保持稳定。只有当旅游市场运行的内部条件和外部环境都发生质变，现有的发展模式难以适应新的发展需求，才会出现新模式取代旧模式的可能。

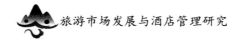

四、差异性与统一性相结合

城市旅游市场发展模式是根据城市特定的社会、经济、文化、自然条件和状况来确定的，各城市的社会文化背景、经济发展状况、城市化水平、自然状况和人文旅游资源、旅游市场潜力都存在差异，各个城市根据自身实际情况因地制宜地选择自身旅游市场的发展模式，不同城市的旅游市场发展模式不尽相同，具有差异性。但城市旅游市场发展模式又是差异性和统一性的结合，城市旅游市场发展具有统一的发展原则，无论哪种发展模式都需遵循旅游市场的可持续发展，都需通过不断完善城市旅游市场体系和优化旅游市场结构提升旅游市场实力，都力求旅游市场发展与城市的社会、经济、文化、自然相协调，营造旅游、经济、社会、文化、生态与城市的一体化发展局面，因此在统一的发展原则导向下，旅游市场发展水平越高、越符合发展原则的城市旅游市场发展模式就可以发挥示范效应，为具有类似旅游市场发展条件和基础的城市发展旅游市场提供发展模式参考和提升路径选择。

第三章 旅游市场潜力的理论框架

第一节 旅游市场潜力的概念界定与辨析

一、旅游市场潜力的概念界定

根据笔者所掌握的资料，在进行潜力分析之前，只有极少数的学者就其研究层面对"旅游业潜力"这一概念进行了明确的界定。马勇、董观志（1997）等界定了区域旅游持续发展潜力，认为"在一定时期内区域旅游发展与资源、经济、环境相互作用的最大可能强度定义为区域旅游持续发展潜力，它是衡量区域旅游持续发展前景的一种综合测度"。汪侠等（2007）认为旅游资源开发潜力是"旅游资源具备的发展旅游业的条件并进而获取经济、社会和环境效益的能力"。曹新向（2007）将旅游业发展潜力定义为"旅游业在发展过程中所体现出来的潜在的、在一定条件的刺激下能够发挥出来并能促进旅游业持续发展的能力，它是衡量区域旅游市场发展前景和后续能力的一种综合测度"。

结合更广泛的研究领域中对潜力概念的界定，包括地区、产业、企业及资源等多个层面，可以归纳出学术界对这一概念主要持两种观点：一是"差距说"，即着眼于未来理想的、临界的发展空间，强调潜力是将所掌握的资源得到最优配置时所能实现的理想水平与当前实际水平之间的差距，如马勇，董观志（1997）将"特定时段内由区域环境所限制的、社会经济所支持的和旅游资源所能达到的供应极限总量"定义为区域持续发展潜力。二是"支持保障说"，着眼于未来的发展能力，强调潜力即是现有的、能够保障未来发展的各项资源及其他要素的总和，是对现有各项要素所起到的支持和保障作用的综合评价，即"支持保障力"（郭亚军，2002；王惠芬，2003；赵静，2006；任志儒，2006；杨敏，2006），如杨敏将旅

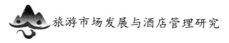

游市场潜力定义为"旅游市场在发展过程中所体现出的潜在的、在一定要素的刺激下能够发挥出来并能促进旅游市场持续发展的能力"。

在了解"潜力"本身定义的基础上，要掌握旅游市场潜力的完整内涵，还需要同时结合旅游市场自身的特点。旅游业具有较强的关联性、敏感性、脆弱性等特点（李天元，2001），这就决定了其发展除了基于自身的资源条件，还在很大程度上受到关联行业、各种内外部环境甚至不可控因素的影响；旅游业的系统性决定了其发展潜力的形成和积累绝非只是某个时点的表现，而是一个综合了各种因素的复合系统，是对旅游业发展前景和后续能力的一种综合测度（杨敏，2006）。

融合上述观点与视角，本书认为，旅游市场发展潜力即指现有的产业资源在各种内外环境因素的影响和作用下，逐渐积累而成的一种潜在能力；是一种隐藏在产业内部、由产业内一系列隐性因素所构成，通过一定条件的刺激能够在未来得以发挥的能力，这一能力实际上是未来的竞争力和发展力的积累阶段，也是对产业未来的竞争力和发展力的支持与保障。

二、旅游市场潜力与相关概念的辨析

由定义可知，形成、积累并发掘旅游市场发展潜力的最终目标是要保障并促使旅游市场在未来的市场竞争和可持续发展中具有自身的实力，因此，对潜力的理解与当前学界广泛提及的"竞争力"和"可持续发展力"有所不同。

1. 旅游市场竞争力

学术界对竞争力概念存在不同的认识和界定，国内外许多学者（Mintz，1993；obrien and Thomton，1993；Michael E.Porter，1990；Cohen and Zysman，1989；Prahalad and Hamel，1990）分别对国家、地区、产业、企业等不同层面上的"竞争力"进行了界定，这些关于竞争力的研究或关注于国家层面对要素的吸引力（Mintz，1993），或关注于区域内各种要素的有效综合利用（贾若祥，2002），或关注于产业资源优势（裴长洪，2002）以及该产业所具有的价格、投资、供给能力、企业的盈利能力（Michael E.Porter，1990）、核心价值和技能（Prahalad and Hamel，1990）或在市场上所占据的地位（Cohen and Zysman，1989），借鉴和综合各方面的定义和思路，有关学者就旅游目的地竞争力进行了专题研究。国内关于旅游市场竞争力的研究始于 20 世纪 90 年代，早期的旅游市场竞争力概念大多基于旅游资源角度，以定性分析为主。而旅游市场竞争力研究受到重视是在 21 世纪初，研究成果的大量出现是在 2003 年之后（黄秀娟，2007）。现阶段大部分研究多以实证研究为主，涉及国家、城市、区域、产业、以及企业等层面，在具体方法的运用上，普遍借鉴波特"钻石模型"，并在此基础上加入文化或创新因素进行定量分析研究。

在国家层面研究旅游市场竞争力的文献以 20 世纪 90 年代末和 21 世纪初为多，有关学者基于国际比较的视角研究了我国国际旅游竞争力（杨森林等，1999），分析了我国国际旅游竞争力从旅游资源竞争、旅游产销竞争、资本实力竞争到创新研究演进的四个阶段，开创了我国旅游竞争力研究的新视角（黎洁等，1999），此后，有关研究通过构建指标体系对我国旅游市场的国际竞争力进行了量化的比较分析（朱应皋等，2004）。

国内研究对区域旅游市场竞争力的关注普遍较多。从地域范围上划分，主要可以分为研究特定区域的旅游竞争力（姚宏，2005；王丽萍等，2005；李玲等，2005）、省际旅游竞争力（吕建华等，2006；王凯等，2006）、城市旅游竞争力（甘萌雨等，2003；李丰生等，2006）或景区旅游竞争力（伍进，2005）乃至企业竞争力（邱慧，2006）等部分，而研究内容则主要着眼于旅游资源（李克芳，2006；胡冬梅等，2002；张争胜 等，2005）、旅游综合系统（李树民等，2002；苏伟患等，2003），主要研究方法和路径则普遍采用因子分析、主成分分析、AHP（层次分析法）等方法建立评价指标体系对区域旅游市场竞争力进行横向比较分析（丁蕾等，2006）。

通过对旅游市场以及旅游目的地"竞争力"有关概念和形成来源的分析，我们不难发现研究者所共有的由内而外的研究思路和研究次序，具体

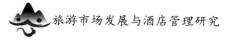

说来就是，旅游目的地所具有的一系列有形和无形的资源性要素构成了竞争力形成的内在基础，由此所产生的一系列外化的产能和综合效能（比如市场营利能力、市场占有率等）则构成了竞争力的现实表现，而存在于内在基础和现实表现之间的则是旅游目的地的产业组织效能。

2.旅游可持续发展力

早在 1988 年，世界旅游组织 WTO 将可持续旅游定义为"可持续旅游发展要满足当代旅游者和接待地的需求，同时保护和提升未来的发展机会，对所有资源管理，使能够满足经济、社会和美感需要，同时保持文化完整性、基本生态过程、生物多样性和生命维持系统"。各种不同的国际组织和个人也从不同的角度对可持续旅游的涵义进行了界定。

欧洲自然与国家公园联盟就旅游业的发展，将可持续旅游定义为："一切形式的旅游开发、管理和活动，能永久维护环境、社会和经济的完整性以及自然、人类及文化资源的健全性"。（FNNPE，1993）；Bramwell and Lane（1993）认为："可持续旅游是减少目的地旅游业、来访游客、当地环境及当地社区之间紧张和摩擦的一种积极发展旅游业的方式，这种方式能够使自然资源和人文资源更长久地保持其质量和旅游业不断发展"；McMinn（1997）认为可持续的旅游业就是把可持续发展用在与旅游业相关联的那些特定的内容上，使旅游发展为当地社区创造经济效益和社会效益，而不损害自然环境。另外，这些目标不仅适用于当代人，而且还适用于后代人。Archer，B. and Cooper，C.（1994）对于可持续概念重新评价，认为旅游业在社会中的作用是重要的。它要求长期对经济活动进行观察，分析经济持续增长的需要，确保旅游消费不超过接待地的供给未来旅游者的能力。20 世纪 90 年代提出的可持续发展观，一经提出就迅速影响到环境、生态、人口、经济、旅游等各个领域。旅游可持续发展以旅游发展为核心目标，关心的是旅游业的长期生存与发展，强调旅游业与社会发展、生态环境协调发展的持续能力。

2.旅游市场潜力与相关概念的关系辨析

竞争力是一个基于比较而得出的概念，具体说来，国外学者对于旅游市场竞争力概念的界定比较具有代表性的主要可集中为两类，一类是狭义上的"市场说"，即着眼于当前旅游市场在市场上比竞争者更优的获利能力，如 Ritchie&Crouch（2000）将"旅游业竞争力"定义为旅游市场竞争主体通过优化旅游市场内部各个环节的资源配置，在当前的竞争中占有更高的市场地位和更多的市场份额并获取比竞争对手更多财富的能力；这一视角下的旅游市场竞争力主要着眼于产业争夺市场效益的既有实力（张梦，2005），主要通过对当前时点上的、显性的市场业绩进行比较而得；与之相对的，产业发展潜力则更多的着眼于产业的实力积累和发展空间，通过对一段过程中、隐性的多种产业要素的综合考量而得。另一类则是广义上的产业竞争力"发展说"，提倡在有效利用资源的基础上保证旅游业的可持续发展能力，例如 D.Hartserre（2000）认为，旅游业竞争力"不但在于旅游目的地能够保持相对于竞争对手的市场地位，还在于其创造并整合能维持旅游目的地的资源可持续发展使用的增值产品能力"。从动态和发展的角度来看，这一视角下的产业竞争力着眼于能力和优势的长期持续并不断提升，即在既有的竞争实力基础上继续积累和挖掘潜力，以获取更持久的竞争力。因此，广义上的旅游市场竞争力既包括狭义上的、显性的产业要素所形成的既有的竞争实力，也包括隐性的产业要素所构成的潜力，是一种立足当前并兼顾未来的可持续性竞争力。

在当今不断变化的经济和社会环境中，旅游市场竞争力是一个地区旅游业生存和发展的关键性因素，因此，关于旅游业竞争力的研究十分重要。本书认为，旅游市场竞争力是旅游市场内部各种因素有机联系、相互作用的产物，尽管在现实中，旅游市场竞争力往往以旅游市场在某一方面的绩效如市场开拓能力、产品开发能力等方面表现出来，但其本质上是一种系统性能力，并体现在旅游市场系统的各个方面。实际上，旅游市场竞争力的最终源泉往往体现在旅游市场系统的最深层结构中。旅游市场潜力与竞争力之间存在着紧密的联系。一方面，旅游市场潜力可以转化为未来的竞

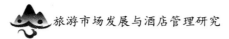

争力，即可以通过释放或克服限制性因素、积极发展目前的优势因素、通过因素的均衡发展等方式、方法将潜在的可能变成现实。另一方面，现实的旅游市场竞争力是影响旅游市场潜力大小的重要起点，反映了目前各项影响因素发展的程度及其所处生命周期的位置（王琼英，冯学钢，2008），是旅游市场潜力衡量的现实基准；正是因为旅游市场潜力之间的联结关系，在进行旅游市场潜力研究时无法彻底抛开最终目的，即实现旅游市场竞争力的提升。鉴于此，识别与研究旅游市场潜力向竞争力演化的路径和机制则不仅有助于我们厘清二者之间的关系，而且有助于从理论意义上认识旅游市场潜力的积累和提升的内在机制，从实践意义上寻求旅游市场可持续发展的现实路径。

实际上，旅游市场潜力和竞争力是平行而相对的两个术语，是旅游市场实力在不同阶段的显现。由于旅游市场竞争力体现在旅游市场系统的各个方面，因此，旅游市场竞争力的培育和建设是一个动态的、具体的过程，而旅游市场竞争力形成过程中所逐渐积累的能力则构成了旅游市场发展的内在潜力。潜力是由旅游市场内一系列隐性因素所构成的、通过一定条件的刺激能够在未来得以发挥并转化为现实竞争力的能力，而这一未来发展能力实际上在当前表现为支持并保障未来竞争力得以实现的一种能力和优势的积累。旅游市场潜力是一种非现实的、潜在的能力，它体现于未来，实现于动态发展过程中，是一个过程概念。在旅游市场潜力向竞争力纵向演进的意义上，旅游市场潜力与竞争力是旅游市场发展实力的不同阶段，因此，旅游市场潜力与竞争力二者在实际的研究过程中，具有显著的差异。换言之，旅游市场发展过程中所内涵的动态潜力构成了旅游市场竞争力形成的原生性要素，并表现为旅游市场静态潜力向竞争力演化的具体路径，这种旅游市场竞争力形成过程中的"路径潜力"是旅游市场竞争力难以复制和难以模仿的原因。所谓路径潜力，是旅游市场潜力向竞争力演进过程中所表现出来的动态机制性能力，与前文提到的旅游市场静态潜力相比，路径潜力关注了旅游市场潜力演化为竞争力的动态表现和途径，可以进一步表现为技术效率、产业聚集和产业结构等相互联系和相互推动的结构。

基于上述关系的分析，得出旅游市场潜力与相关概念的关系辨析（图3-1）。在此双层结构图中，上层为外显层，体现为狭义的旅游市场竞争力，旅游市场既有的竞争实力，指旅游市场目前可测量的市场业绩；下层为内隐层，体现为旅游市场发展潜力——为旅游市场竞争力的实现不断提供支持和保障；两者共同构成广义的旅游市场竞争力——旅游市场可持续的竞争力。

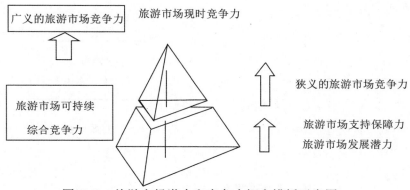

图 3-7 旅游市场潜力和竞争力概念辨析示意图

可持续发展既是一个地区旅游业发展的战略方针，又是衡量旅游业协调发展的重要尺度。由于旅游业发展潜力关注的是区域旅游业的后续发展能力，因此它与旅游可持续发展之间必然有着非常密切的关系。旅游业持续发展着眼于区域旅游资源的开发利用和区域经济结构的协调优化，谋求区域社会、经济、生态三方面的最佳综合效益。旅游发展潜力体现了旅游可持续发展的思想，关心的是旅游业的长期生存与发展，它强调旅游业与社会及生态环境协调发展的持续能力。因此，特定区域的旅游业未来是否具有可持续发展的潜力以及这种潜力的大小在一定程度上决定了该区域未来的旅游发展趋势。并且，旅游可持续发展是旅游业发展潜力发挥的终极目标，即旅游业发展潜力最终要体现为实现旅游可持续发展上。旅游业发展潜力的评价要在旅游可持续发展思想的指导下，不仅要反映出旅游经济的发展潜力，也要反映社会协调发展和环境保护等方面的状况，即综合体现旅游经济与社会及环境的协调发展。只有这样，旅游业发展潜力的评价

结果才能科学地体现出各区域旅游业发展的后续能力和未来前景。

再者，旅游市场可持续发展力是对旅游业发展状况的一种综合评定，旅游可持续发展以旅游的生存和长远发展为核心目标，强调旅游业与社会发展、生态环境协调发展的持续能力。可见，旅游市场的可持续发展潜力更多的是强调经济效益、社会效益和生态效益的平衡（三效平衡），这既是积累和发掘旅游市场发展潜力的原则和方向，也是旅游市场竞争力得以维持的必由之路。

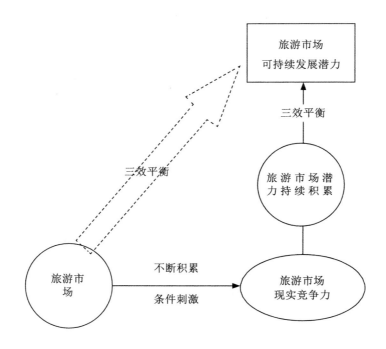

图 3-2 旅游市场潜力与相关概念关系辨析图

综上，旅游市场发展潜力主要存在于产业的积累阶段，在产业既有资源的基础上，通过对产业发展的支持和保障促进产业实现由量变到质变的转变和提升，这为下文中产业发展潜力来源的解构奠定了基础。

第二节 旅游市场潜力的 IMS 研究框架

作为特定区域内的旅游市场未来发展的综合测度，旅游市场潜力是一个区域复合系统，通过特定区域人口、资源、环境、社会、经济、科技以及管理调控等子系统相互作用、相互影响、相互制约形成了具有一定结构和功能的有机整体，并表现为内部各个支撑体系所具有的支撑力和发展力所形成的整体性合力。基于旅游市场是一个边界模糊的柔性系统，作为经济和社会系统的子系统具有关联性大、涉及面广、综合带动性强等特点，本书在借鉴以往相关研究的基础上对旅游市场潜力的框架结构及内部各运营子系统的内容和构成关系进行解构，为后文的综合评价构建理论分析框架。

一、旅游市场潜力的影响要素

国内专门针对旅游市场潜力开展的研究屈指可数，并多停留于定性描述，缺少定量分析与评测，但是依然有不少文献比较全面地分析了影响产业发展潜力的因素。李华（2005）运用生态足迹理论，从旅游系统足迹、旅游承载力和系统多样性三个方面对保护区旅游潜力进行了分析，认为影响保护区旅游潜力的因素主要包括消费类型及模式适宜度、资源消费量、资源组合模式均衡度、生产性资源的供给及再生方式的可持续性、生态承载力、社会承载力、心理承载力、经济承载力、资源多样性、产品（项目）多样性、服务及设施多样性等方面。杨秀平和翁钢民（2006）对旅游环境承载力发展潜力进行了研究，从生态环境承载力、旅游资源承载力、基础设施承载力、旅游服务设施承载力、管理水平承载力、旅游者心理承载力、当地居民心理承载力等方面分析了影响旅游环境承载力发展潜力的影响因素。杨敏（2006）对青海旅游市场发展潜力进行了评估，认为其主要影响因素包括经济发展能力、基础设施和环境保障、旅游市场需求潜力、政府管理能力、文化发展水平及科技创新能力、旅游市场发展状况等方面。

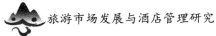

国内学者对旅游业发展潜力的研究主要集中于对旅游资源开发潜力、旅游产品开发潜力以及旅游市场开发潜力的研究。李华（2005）运用生态足迹理论，从旅游系统足迹、旅游承载力和系统多样性三个方面对保护区旅游潜力进行了分析，认为影响保护区旅游潜力的因素主要包括消费类型及模式适宜度、资源消费量、资源组合模式均衡度、生产性资源的供给及再生方式可持续性、生态承载力、社会承载力、心理承载力、经济承载力、资源多样性、产品（项目）多样性、服务及设施多样性等；姜爱林、任志儒（2006）在探讨城市潜力系统及其概念模型时从空间发展潜力、人力资源潜力、资源利用效率、环境水平承载力和城市市场潜力等方面谈了城市潜力的影响因素，可以作为研究旅游潜力影响因素的借鉴；任宣羽在从资源优势、区位优势和开发机遇等方面分析了攀纲工业旅游的开发潜力；杨秀平、翁铁明（2006）对旅游环境的承载力发展潜力进行了研究，从生态环境承载力、旅游资源承载力、基础设施承载力、旅游服务设施承载力、管理水平承载力、旅游者心理承载力、当地居民心理承载力等方面分析了影响旅游环境承载力发展潜力的影响因素；马勇（1997）认为区域旅游发展潜力的影响因素可以从经济、资源和环境三个方面来分析；魏长晶（2006）等人从旅游资源、区域条件和区位特征三个方面对森林旅游资源开发潜力做了定量评价；汪侠等（2007）运用多层次灰色方法对老子山风景区进行了开发潜力评价，分析了影响旅游资源开发潜力的主要影响因素；丁雨莲和陆林（2006）从经济结构、文化程度、婚育年龄结构、空巢家庭及家政服务社会化5个方面分析了中国女性旅游市场潜力；李平等（2003）从资源、市场、环境等方面对青岛市体验式旅游开发潜力进行了研究；曹辉等人从旅游资源要素状况、旅游市场状况、相关产业状况、旅游企业状况、外部环境条件、政策保障与支持条件等6个方面对福建省乡村旅游市场潜力进行了分析；崔凤军对中国房车旅游发展潜力进行了分析，论述了消费水平、宣传力度和相关配套设施等对房车旅游发展潜力的影响；庞代新等人分析了农垦服务业旅游潜力，认为旅游资源特色、客源结构、服务设施、经营管理体制、经营管理机制、经营方式等是重要影响因素；贺建林从生态旅游资源、交通条件、设施配套状况、旅游产品结构

等方面谈了湖南省森林生态旅游发展的潜力。

在实际的旅游市场潜力评价研究中，Priskin（2001）构建了一个对自然旅游资源进行定性和定量评价的框架，并尝试运用矩阵分析方法从吸引力、可进入性、旅游设施、环境质量 4 个方面对澳大利亚西部海滨地区的旅游资源开发潜力进行了评价。Gunn 等（1988）从水文、气候、历史及民俗、交通运输等 9 个方面对德克萨斯州旅游资源开发潜力进行了评价，并通过 Synmap 计算机制图系统绘制出旅游资源开发潜力的分布图。

Laventhol 等（1982）则将承载力、可进入性、可利用性作为评价旅游资源开发潜力的重要因子；而 Gunn 等（1993）在伊利诺伊州旅游规划中，把旅游资源分为自然资源和文化资源两大系列，分别对其开发潜力进行评价，并通过 Arcinfo 系统对自然资源和人文资源的开发潜力评价结果进行叠加合成，划分出不同地区旅游资源开发潜力的等级。

二、旅游市场潜力的来源

从上文对旅游市场潜力影响因素的研究回顾可以看出，国内外的相关研究虽然在内容上从多个角度对旅游市场潜力的来源和影响因素进行了分析，但是，遗憾的是，已有研究并未全面考虑各类影响因素的之间作用机制，从而难以科学地分离出影响旅游市场潜力的关键因素，并且经常因为研究者的学科、知识背景不同而产生巨大的差异。鉴于此，需要在界定旅游市场潜力的评价内容异同点的基础上，基于旅游市场系统结构及影响因素分析，厘清影响旅游业发展潜力的来源，为下文的实证分析提供依据。

本书对旅游市场的研究是以我国 31 个地区为尺度。纵观国内外对旅游市场发展潜力的研究，少部分学者着眼整个国家的旅游市场，从宏观角度对其发展潜力进行了分析，如，越南旅游业发展潜力的研究报告（1995）从旅游资源、旅游市场和政策三个方面分析了该国旅游业的发展潜力；Marjorie Kelly（1998）认为，国家的政治环境、实施的产业政策、税率、微观管理以及主要客源市场的文化价值取向与约旦旅游市场发展潜力息息相关；而 Derek J.Wade 等（2001）通过对塔桑尼亚旅游业的历史和市场现状来分析其旅游业发展的未来趋势和发展潜力。此外，国内的研究中具有代表性的包括，马勇等（1997）认为区域旅游持续发展潜力可以分为旅游资源的潜在保障力、社会经济的潜在支持力、环境的潜在承载力三个子系统；曹新向（2007）在比较中国各省旅游业发展潜力时所构建的评价体系包括旅游需求能力、旅游供给能力、旅游潜力保障力和旅游潜力支持力四部分。

旅游市场潜力的考量则更多的是考虑了产业发展的来源性（内隐的原因）因素，包括产业发展能力的积累和产业发展过程中的支持保障，涉及产业内外部的诸多因素和条件。基于对既有研究成果的分析和相关理论的回顾，本书将旅游市场视作是一个复合的系统（吴必虎，1998），并认为旅游市场潜力的形成主要有三个方面的原因，即内在的成长性、市场的扩张性以及外部环境的影响；由此，形成旅游市场潜力的三个子系统，分别是产业内在成长潜力（potential of internal growth）、市场扩张潜力（potential of market extension）和可持续发展潜力（potential of sustainable development），而每个子系统又是由不同的要素构成的。

首先，旅游市场内在成长潜力（I），是指由旅游市场内在因素所带来的旅游市场持续成长的能力和空间，受旅游市场规模、旅游市场结构、旅游市场集群和旅游市场创新等因素的制约与影响。

其次，旅游供给和旅游需求是旅游经济研究中的两个支柱，而旅游市场的扩张潜力（M）则是旅游市场得以发展壮大并转化为现实竞争力的重要途径，这主要体现在由旅游供给所支撑的旅游保障潜力以及由旅游需求所蕴含的旅游消费潜力。鉴于此，本书在旅游市场扩张潜力的研究中，直接以旅游供给与旅游需求作为最基本的研究视角，把研究旅游市场扩张潜力转化为分别研究旅游市场需求发展潜力、旅游市场供给发展潜力以及两者结合所构成的旅游市场供求的潜力问题。

第三，旅游市场的可持续发展（S）是旅游市场潜力转化为竞争力的必要条件，也是旅游市场发展的目标所在，涉及到旅游市场所处的宏观和微观环境在各个层面为旅游市场发展所创造的空间，包括对旅游市场运作和成长起到基础性保障作用和支持推动作用的制度支持要素、基础支撑力量和环境保障因素等方面。

（一）内在成长潜力（I）

产业内在成长潜力的来源，主要包括以下几个方面：

1.产业规模

产业规模即指产业的资产总和，是产业内部所有企业集合，通过聚集可产生规模经济效应，有利于旅游企业之间的市场、资源、信息等方面的共享。就旅游企业而言，企业进行大规模的生产将生产过程分得更细，可以享受内部分工和专业化的优势；通过建立技术创新、经营管理、市场营销、财务管理以及风险承担等有效方式，更好地利用各种生产要素而取得追加产量增大的好处；同时，大规模的生产可以更有效地利用专业化分工所形成的专门人才和专用资本设备，从而使得企业生产效率极大提高，进而分摊到产品上的单位成本下降。就整个旅游行业而言，则意味着整个行业的分工更加细化和专业化的规模经济效益进一步提高。由于行业规模的扩大可以克服单个企业所受到的技术、管理、营销、财务以及风险承担等方面的限制，使得原先仅仅依靠单个企业力量无法再进行专业化分工的工作得到进一步的分配，因而获得避免资源重复配置和提高生产效率的好处。由于"外部经济性"的存在，使得我国旅游企业一直以来多级法人、分散决策、各自为政的问题以及相关体制的不完善对于旅游市场潜力的发挥起到抑制作用。必须加以调整完善，以推动整个行业和社会化分工协作体系的建立，适度的规模经济效应能够实现产品规格的统一和标准化、提高产量并降低成本，有利于生产效率的提高和产业内资源、管理和技术的共享（陈楠，2000），并有利于旅游市场做大做强，从而提升其发展活力。

2.产业结构

产业结构一方面是指旅游市场在当地的产业地位和经济社会比重，另

一方面则是指旅游经济循环中各个产业和行业之间的生产、技术、经济联系。从旅游市场生产联系来说，在旅游经济内部，每一个产业的经济活动都是以其他产业的经济活动为基础的，经济规模的变化也都是与其他产业的经济变化相联系的。从经济联系来说，各个产业之间相互的经济联系便形成了旅游经济的链条，一个产业的经济效率以及在旅游经济中实现利益的比例，不仅取决产业内部的技术和管理水平，还取决于该产业与其他产业之间的交易关系。

旅游市场结构也是一种产业间的数量比例关系。从旅游投入来说，旅游市场结构反映了各类经济资源和要素在参与到旅游经济的各个产业的配置状态，如资金、劳动力在各个产业的分布。从旅游产出来说，旅游市场结构反映的是旅游经济总产出在各个产业之间的分布，如某个特定时期内旅游总收入、旅游总利税在各个产业中的分布情况。

旅游市场内各行业之间保持符合产业发展要求的比例关系，即旅游市场内各行业之间有较强的协调性、互补性及配合性，形成合理的旅游市场结构，从而充分发挥旅游市场结构的潜力。

3. 产业集群

产业集群是指在特定区域中，具有竞争与合作关系，且在地理上集中，有交互关联性的企业、专业化供应商、服务供应商、金融机构、相关产业的厂商及其他相关机构等组成的群体。不同产业集群的纵深程度和复杂性差异，代表着介于市场和等级制之间的一种新的空间经济组织形式。产业集群的作用主要表现在以下四个方面。

（1）产业集群提高了产业的整体竞争能力，一般说来，当产业集群形成后，将可以通过多种途径，如降低成本、刺激创新、提高效率、加剧竞争等，提升整个区域的竞争能力并形成一种集群竞争力。

（2）产业集群加强了集群内企业间的有效合作，集群内的企业因为地域的接近和领导人之间的密切联系，形成共同的正式或非正式的行为规范和惯例，彼此之间容易建立密切的合作关系，从而减少机会主义倾向，降低合作的风险和成本。因此其合作的机会和成功的可能性无疑会大大增加。

（3）产业集群增加了企业的创新能力和促进企业增长，集群不仅有利于提高生产效率，也有利于促进企业的创新。这种创新具体体现在观念、管理、技术、制度和环境等许多方面。

（4）产业集群发挥了资源共享效应，有利于形成"区位品牌"产业集群，具有地理集聚的特征，因此，产业关联企业及其支撑企业、相应辅助机构，如地方政府、行业协会、金融部门与教育培训机构都会在空间上相应集聚，形成一种柔性生产综合体，构成了区域的核心竞争力。此外，集群的形成使政府更愿意投资于相关的教育、培训、检测和鉴定等公共机构；另外，这些机构的设立又明显地促进了集群内企业的发展。

因此，产业集群超越了一般产业范围，形成特定地理范围内多个产业相互融合、众多类型机构相互联结的共生体，构成这一区域特色的竞争优势。产业集群发展状况已经成为考察一个经济体或其中某个区域和地区发展潜力水平的重要指标。

4. 技术创新

首先知识经济提高了旅游需求的广度和深度，一方面旅游需求的大小与知识和技术的发展水平呈正相关，另一方面表现为给旅游需求注入了新的活力，使得旅游需求更加多样化。其次知识经济提高了旅游供给的质量，知识和技术在旅游市场中的广泛运用给各种旅游项目供给带来了深刻的变化，使旅游供给产品的质量提高，适应市场的能力增强。作为旅游供给重要组成部分的旅游服务，由于知识和技术的普遍运用，服务水平大大提高。知识和技术增加了旅游供给产品的吸引力（施卫东，2001）。创新可以降低成本并提高旅游业的生产效率水平，增加潜在的产出能力，是旅游市场实现内涵式增长的主要途径。同时创新还促进了旅游市场的可持续发展，先进的科学知识和技术手段使资源得到更加合理的利用，从而不断满足人们的旅游需要。

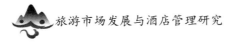

5. 企业素质

企业素质是决定产业发展能力的重要因素，也是产业成长潜力的主要来源。主要是因为，产业是同类企业的集合，其当前实力和发展潜力的强弱最终取决于所在的产业内企业素质的高低。一般而言，一个产业内所拥有的大多数企业在技术、人才、规模、信息、管理、制度、企业文化、企业道德等方面与其他同类企业相比具有明显的优势，则该产业的竞争力和发展能力较强。企业素质取决于企业的要素禀赋和要素的有机构成两个方面，提高企业素质有两个根本途径，即提高企业的要素禀赋和优化企业的要素有机构成。企业素质主要体现在企业的信息处理能力、战略决策能力、资源集聚能力、开放性创新能力、内部管理能力和外部应变能力六个核心能力上，这六方面既是企业素质的核心体现又是企业竞争优势的源泉。企业素质中最核心的因素是人才，高素质的人才能够引领产业发展并实现产业创新。在新的经济背景下，高素质的人才是应影响区域产业竞争力的最核心的因素，因此，要充分挖掘产业的潜力并形成产业的竞争优势，必须要全面提高产业内企业的素质水平，尤其是要培育高素质的创新型人才。

（二）市场扩张成长潜力（M）

产业市场扩张潜力的来源，主要包括以下几个方面：

1. 资源禀赋

资源是区域产业发展中最核心的物质基础，一个国家或地区在自然资源上拥有得天独厚的稀缺资源是产业竞争力的重要来源，这在旅游市场这一资源依托型产业上的表现更为明显。区域旅游市场所占有的自然资源的稀缺性决定着该产业在竞争中享有比较优势，也是该地区旅游吸引力形成的重要保障，以此形成市场供求的相应流动。从根本上看，区域旅游市场竞争力的形成和发展无法摆脱其自身的自然、文化、社会资源禀赋的影响，充分认识资源的基础性作用，既有利于防止忽视自然条件，盲目追求地区制造业的超常规、跳跃式发展，也有利于挖掘区域的自身优势和特色，实现区域的可持续协调发展。

2.资金和人力投入

资金的丰裕程度决定着产业的投资能力，产品的设计和生产、企业技术创新、人力资源优化、产品的营销、产业规模的扩大等各个环节的发展都依赖于相应的资金投入。当前，我国旅游市场发展所需的资金主要有国家投入、外商投资和民间资本等渠道。人力资源是决定区域产业素质的重要因素，具体到旅游市场来看，人力资源的素质和流动状况决定着旅游市场的市场活力和可持续发展能力。因此，注重对旅游市场人才素质的提升和后备人才的积累十分必要。

3.市场供求

旅游供给和旅游需求是旅游经济研究中的两个支柱。本书对旅游需求和供给做了如下的界定：

（1）旅游供给：

从广义上讲旅游供给是指为在一定时期内以一定价格向旅游者提供的、能够满足旅游者需要的旅游产品或服务的总和，这一定义不区分产品和服务是否专属于旅游者，同时既包括了旅游供给的总量也包括了旅游供给的结构。

（2）旅游需求：

当旅游意愿和旅游支付能力两个因素同时满足时就能够产生广义上的旅游需求。如果在旅游支付能力满足的前提下旅游时间这一反映旅游需求特殊性的制约因素无法满足，那么这类旅游意愿的需求只能是潜在需求；而当旅游支付能力与旅游时间都得到的满足情况下旅游意愿就是现实旅游需求，现实旅游需求中又具备了旅游供给可达性的那部分需求即为已实现需求，未具备可达性的部分需求即为未满足需求。可见，旅游供给是旅游市场潜力形成和发挥的基础条件，而旅游需求则为旅游市场的运作提供重要的推动力量，从而有利于产业潜力的积累和向现实竞争力的转化。鉴于

此，本书在旅游市场扩张潜力这一经济问题中，直接以旅游供给与旅游需求作为最基本的研究视角，把研究旅游市场扩张潜力转化为分别研究旅游市场需求发展潜力、旅游市场供给发展潜力以及基于两者对比所构成的旅游市场发展潜力问题。

（三）可持续发展潜力（S）

产业可持续发展潜力的来源，主要包括以下几个方面：

1. 区位条件

区位因素包括旅游市场所在地的位置、交通、通信等状况。尽管随着交通、通讯业的发展，空间作用在逐步的下降，但是旅游市场具有生产与消费同时性的特点，即有形的旅游活动和旅游消费的产生与旅游资源和产品的所在地相同，这对旅游市场所在区位的可进入性、通达便利性提出了较高的要求。另外，从产业经济学的角度来看，区位因素主要通过影响生产要素的流动成本而作用于产业优势的发挥，优越的区位可以提高地区旅游市场的感应度，降低生产要素的流动成本，使地区产业能够充分利用外部环境，从而提高自身的竞争能力。同时，区位状况影响产业结构的变革，区位优越性意味着开放性和先进性，开放的区位通过开拓新市场为产业潜力的积累注入动力与活力。

2. 政策环境

政策是影响地区产业发展最活跃的因素，制度经济学认为制度是人类社会发展的基本动力，制度的变迁是推动经济发展和社会进步的重要力量。从宏观层面上看，政策和制度的制定是一种政府行为，在强调政府调控的国家，宏观经济正对产业发展的基本格局和定位产生决定性的影响。中国作为世界上最大的发展中国家处于经济体制转轨期及对宏观环境敏感的中国旅游业，受制度结构与产业政策影响很大。中国旅游的发展实际上伴随着许多相关制度的演变与创新，尤其是自改革开放以来的快速增长，明显的与制度变迁相联系，其释放的能量是影响区域旅游发展水平和旅游经济差异程度的重要原因。因此，完善的制度是中国旅游业持续快速发展的保证和重要动力（余凤龙，陆林，2008）。制度因素对旅游市场潜力的作用表现在：一是制度可以引导主体向好的方向发展、从而使产业体系运行得顺畅、稳定；二是制度设计和实施的过程也是经济政策用于产业发展的过程，为调节产业结构促进产业发展提供良好的环境和支持作用。

3. 关联产业和基础设施

产业的支撑力度主要指产业发展所处的环境对产业的影响力度，包括政治环境、经济环境、社会环境、文化环境等多个宏观和微观层面。旅游产品与旅游服务的提供，除了属于第三产业的旅游业以外，还涉及到众多的行业和部门，如为旅游业提供物质支撑的农业、林业、畜牧业和渔业的相关部分属于第一产业；轻工业、重工业和建筑业等行业中的相关部分属于第二产业；邮电通讯业、金融业、保险业、公共服务业、卫生体育业、文化艺术业、教育事业、信息咨询服务业等行业中的相关部分，以及国家机关中与旅游相关的部门（如旅游行政管理部门、海关、边检等）属于第三产业（黎洁，1999）。这些相关部门和行业的发展为旅游市场的发展提供了强大的物质基础，成为旅游市场发展的重要支撑。

除了其他相关产业对旅游业的支撑以外，旅游市场的发展和区域的发展密切相关，旅游市场对区域发展起到一定的带动作用同时区域对旅游市场的支撑作用也是不可忽视的。区域经济发展可以快速拉动旅游消费规模增长与消费水平的提高，区域基础设施供给水平提高，生态环境的改善则为旅游业的发展提供充足的保障。

4. 环境条件

旅游业是一个以资源为基础的产业，对自然禀赋和社会遗赠依赖性最强，相对于其他产业而言，维护自然生态环境和保护旅游资源不受破坏对于旅游业的生存和发展尤其具有重大意义。另一方面，旅游业的快速发展必然导致区域旅游业之间的竞争，从而容易使得区域不惜以未来为代价来提高经济增长和效率，这种短视的行为必将影响旅游业的长远发展（杨得前，2007）。旅游可持续发展是在保持和增强未来发展机会的同时满足目

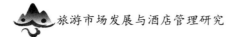

前游客和旅游地居民的需求，是旅游市场潜力存在的必要条件，注重当地居民的心理承载力、旅游资源和自然环境的承载力，维护社会效益、经济效益和生态效益的平衡，才能促使旅游行业成为具有发展潜力的产业。

三、IMS 框架结构

产业经济学是产业研究和解构的基础理论，它以"产业"为研究对象，涉及产业内部的规模、组织和结构要素，产业的市场发展要素以及产业政策、环境等外部影响要素。结合上文对旅游市场潜力来源的阐释，本书将旅游市场潜力划分为三个层次，并分析了每个层次的潜力来源，据此，形成本书研究旅游市场潜力的 IMS 理论分析框架，见下图 3-3。

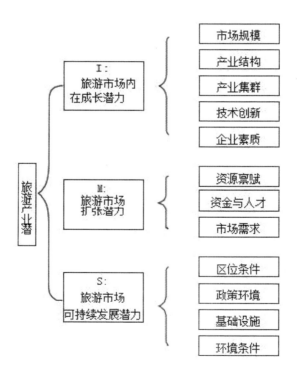

图 3-3　旅游市场潜力 IMS 理论分析框架

这三个子系统中的潜力积累从不同的层面影响着旅游市场综合潜力的

形成和发挥，其中旅游市场内在成长潜力是最核心的要素，它决定着产业形成和发展的基础要素水平及其配置状况；产业市场扩张潜力关系着产业主体与外界的互动交流，同时也是产业发展潜力向现实竞争力过渡的必要途径；产业可持续发展潜力既为产业潜力的积累提供必要的经济、政治、文化和社会等环节的有力支撑，又通过对产业所处自然生态环境的保护约束产业发展的界限，从而为产业发展潜力的提升提供必要的保障；同时，上述三个分解力共同构成旅游市场的循环运作系统，相互促进、互相融合，共同促进旅游市场发展潜力的全面积累和发挥（如图3-4）。

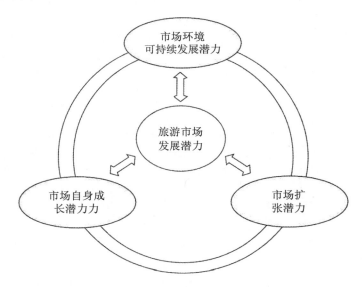

图 3-4　旅游市场潜力内部系统结构图

第四章 中国旅游市场潜力的区域差异与发展路径

第一节 中国旅游市场潜力聚类分析与区域差异

一、旅游市场综合潜力聚类分析

为深入探究旅游市场发展潜力的区域特征，本书进一步运用 SPSS16.0 聚类分析法，以中国旅游市场潜力总分为变量，对 31 个省、直辖市、自治区旅游市场潜力综合评价值进行聚类（表 4-1），根据各地区综合得分值和聚类结果，得出更直观的中国旅游市场潜力的区域分布情况。

表 4-1 中国旅游市场潜力聚类结果汇总表

中国旅游市场潜力总分排名	地区	聚类结果
1	北京	1
2	上海	1
3	广东	1
4	浙江	2
5	江苏	2
6	山东	2
7	辽宁	3
8	河北	3
9	河南	3
10	四川	3
11	湖北	3
12	天津	3
13	福建	3
14	湖南	3
15	云南	4
16	安徽	4

中国旅游市场潜力总分排名	地区	聚类结果
17	黑龙江	4
18	重庆	4
19	山西	4
20	陕西	4
21	广西	4
22	新疆	4
23	吉林	4
24	江西	4
25	内蒙古	4
26	甘肃	4
27	海南	4
28	西藏	4
29	贵州	4
30	青海	4
31	宁夏	4

根据聚类结果，结合我国东中西部的区域划分情况，本书得出中国旅游市场潜力的类型划分表（见表 4-2）。

表 4-2 中国旅游市场潜力的区域类型划分表

类型	聚类结果	数量	旅游市场潜力强度	省、直辖市、自治区		
				东部	中部	西部
A 类	I	3	潜力最强	北京、上海、广东		
	II	3	潜力较强	浙江、江苏、山东		
B 类	III	8	一般	辽宁、河北、天津、福建	河南、湖北、湖南	四川

（续表）

类型	聚类结果	数量	旅游市场潜力强度	省、直辖市、自治区		
				东部	中部	西部
C类	IV	17	潜力较弱	海南	安徽、黑龙江、吉林、江西、内蒙古	云南、重庆、山西、陕西、广西、新疆、甘肃、西藏、贵州、青海、宁夏

1. 旅游市场综合潜力呈东部强中西部弱的分布态势

总体上看，中国旅游市场潜力从东部地区向中西部内陆地区由高到低呈梯次分布，潜力最强的第Ⅰ类（3 各省市）和潜力较强的第Ⅱ类（3 个省份）全部位于东部地区；潜力一般的第Ⅲ类（8 个省市）则由东部向中西部省区逐步扩散；潜力比较弱的第 IV 类（17 个省区）除海南省外，全部集中于中部和西部省区，这一分布状态基本与当前我国的经济和社会的综合发展状况的分布态势相吻合。

2. 旅游市场综合潜力的 A 类集团

北京的旅游市场潜力总分排名居全国首位，其内在成长潜力同时也居首位，而市场扩张潜力和可持续发展潜力均居全国第二位，这主要得益于北京长久以来积累的产业成长能力、良好的市场环境和各项基础支撑力。同时，上海和广东的总分分居二、三位，作为我国的一线城市，其各方面发展与北京相仿，同属旅游市场潜力的第一集团。而处于第Ⅱ类的潜力较强的浙江、江苏和山东三个省份在内在成长潜力、市场扩张潜力和可持续发展潜力方面的排名大多位居全国前五位，山东的可持续发展潜力得分更是在全国排名首位，主要由于这些省份位于我国东部沿海地区，改革开放早、步伐较快，形成了有利于旅游市场发展的政策制度环境、良好的市场

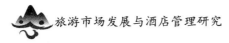

经济秩序以及较强的科技实力，促进了旅游市场规模和效益的提高、产业结构的优化和创新能力的增强。第 I 类的三个省份旅游市场潜力虽然与第 I 类相比尚有一定差距，但差距不大，在全国来看仍具有较为明显的领先优势，因此，将第 I、II 类并成为中国旅游市场发展潜力的 A 类集团。

3.旅游市场综合潜力的 B 类集团

处于第III类的共有 8 个省直辖市，包括东部的辽宁、河北、天津、福建；中部的河南、湖北、湖南和西部的四川，这一集团的总体潜力水平较领先型集团有一定的差距，处于潜力的积累阶段，属于 B 类集团。

总体来说，处于这一集团的省直辖市，其旅游市场各方面发展都较为平衡，但整体优势不足，均排在全国中游或中上游水平，与这 8 个省直辖市整体社会、经济发展水平和产业能级在全国所处的排位相类似。从各省旅游市场的内部层次来看，8 个省份的内在成长潜力、市场扩张潜力和可持续发展潜力也都基本处于全国的中上游地位（均处于全国第 15 名之前）；但仍有省市的发展并不均衡，即在某一层面有较明显优势，而其它方面较弱，突出表现为天津，其可持续发展潜力位居全国第七位，这主要得益于其良好的沿海区位和直辖市的制度支持和基础支撑，但同时，天津的内在成长潜力并不理想，仅排名全国的第 17 位，说明其旅游市场本身的在产业规模、产业创新、产业集群以及市场环境建设方面还需要大幅地改进和提升。总体来说，这一集团中各省份的旅游市场都已经具备了一定的发展基础和优势环节，当务之急是根据自身情况扬长避短、设定更高的目标，进一步积累和增强自身的发展潜力。

4.旅游市场综合潜力的 C 类集团

处于第 IV 类的省份在五个类别中数量最多，共包括 17 个省份，除东部的海南省外，主要集中于中西部省份，包括东中部的安徽、黑龙江、吉林、江西、内蒙古 5 省和西南部的云南、重庆、山西、陕西、广西、新疆、甘肃、西藏、贵州、青海、宁夏 12 省。

这一集团的各省特点在于上述各省旅游市场综合发展潜力总得分都是

负值，与前两个集团的差距较大。其中，多数省份的内在成长潜力、市场扩张潜力和可持续发展潜力三方面的得分都排名落后，除了黑龙江旅游市场的内在成长潜力以及云南省旅游市场的可持续发展潜力排名居全国中上游水平（全国排名 15 名以上）之外，各省的潜力总排名，尤其是市场成长潜力排名均位于全国的中下游（全国排名 15 名以后）。这反映出这 17 个省份的资金和人才储备以及市场需求都存在严重的不足，虽然这些省份大多具有一定的旅游资源优势基础，但是产业的成长性、第三产业发展程度、经济发展度和社会开放度、制度支持、基础支撑、自身区位可进入性以及市场供给和需求动力等方面都严重地限制了这一优势的发挥。因此，这些省份需要立足于自身的资源基础，着力建设和完善旅游市场的基础要素，其旅游市场潜力仍存在大幅的提升空间。

二、八大经济区与三大经济圈旅游市场潜力排名

1. 八大经济区的旅游市场潜力排名

近年来，随着区域经济增长不平衡态势的加剧，东、中、西区域划分方法备受争议，以经济发展特色为核心所形成的区域经济敛散特征成为新的区域划分构想基础。国务院发展研究中心发布的《地区协调发展的战略和政策》报告中提出根据新时期的区域发展特征，在四大经济板块的基础上，八个特色综合经济区的雏形已经日渐成形（崔郁，2007）。且不论这一新的划分方式是否符合我国行政区划的要求或者是否真正得以实施，此分类的依据是区域经济所辖产业经济发展的同质性与互补性，对资源禀赋的依赖最为明显，而资源禀赋在旅游市场范围内所包含的类型则更为多样，这为区域旅游市场的发展模式与潜力积累提供了一定的启示。据此，下文将简要的测度八大经济区所辖范围内旅游市场的潜力发展态势，以期因地制宜地为旅游市场的发展实践提供方向上的引导。

报告中的八大经济区是指：南部沿海综合经济区（广东、福建、海南）、东部沿海综合经济区（上海市和江苏省、浙江省）、北部沿海地区（山东、

河北、北京、天津)、东北综合经济区(辽宁、吉林、黑龙江)、长江中游综合经济区(湖南、湖北、江西、安徽)、黄河中游综合经济区(陕西、河南、山西、内蒙古)、西南综合经济区(广西、云南、贵州、四川、重庆)、西北综合经济区(甘肃、青海、宁夏、西藏、新疆)。

据此,将31个省、自治区、直辖市的旅游市场综合潜力得分按照八大经济区所辖范围划分为八个集团,并得出各集团的平均得分和排名,见下表4-3:

表4-3 八大经济区旅游市场潜力得分及排名表

区域排名	八大经济区	省份	旅游市场潜力综合得分	区域平均得分
1	东部沿海综合经济区	上海	7.24	5.72
		浙江	5.07	
		江苏	4.86	
2	北部沿海综合经济区	北京	7.55	3.09
		山东	3.52	
		河北	0.91	
		天津	0.36	
3	南部沿海综合经济区	广东	6.66	1.39
		福建	0.16	
		海南	-2.63	
4	长江中游综合经济区	湖北	0.52	0.59
		湖南	0.04	
		安徽	-0.93	
		江西	-1.94	

（续表）

区域排名	八大经济区	省份	旅游市场潜力综合得分	区域平均得分
5	东北综合经济区	辽宁	1.27	-0.7
		黑龙江	-1.07	
		吉林	-1.89	
6	黄河中游综合经济区	河南	0.91	-1.05
		陕西	-1.52	
		山西	-1.49	
		内蒙古	-1.95	
7	西南综合经济区	四川	0.74	-1.3
		广西	-1.58	
		云南	-0.46	
		重庆	-1.23	
		贵州	-3.16	
8	西北综合经济区	新疆	-1.70	-2.97
		甘肃	-2.08	
		宁夏	-4.18	
		青海	-4.00	
		西藏	-2.89	

综合分析，东部沿海综合经济区、北部沿海综合经济区和南部沿海综合经济区的旅游市场潜力的平均得分分别为5.73、3.09和1.40，分列前三位，对应旅游市场潜力充足的 A 类集团，其中东部沿海综合经济区的潜力最高；长江中游综合经济区、东北综合经济区旅游市场潜力的平均得

分分别为-0.59和0.70，略低于全国的平均线，这两个经济区的大部分省份，如湖北、湖南、辽宁等对应属于旅游市场潜力一般的B类集团；黄河中游综合经济区、西南综合经济区和西北综合经济区的旅游市场潜力平均得分分别为-1.05，-1.31和-2.97，尤其西北综合经济区的得分远低于全国的平均线，这三个经济区基本涵盖了旅游市场潜力较弱的B类和C类集团。

这一结论恰与上文对东中西部的研究结论相吻合；即八大经济区中位居前三位的东部沿海、北部沿海和南部沿海经济区都属于我国的东部地区，属于旅游市场潜力较强的区域；而位居中西部的其余五大经济区的旅游市场潜力较弱。

2.三大经济圈旅游市场潜力排名

我国东部地区的潜力最强，但东部地区这一概念跨界较大、涵盖范围较广，为进一步细化我国旅游市场潜力的区域差异，本书将区域的范围继续缩小至经济圈的范畴。基于区域敛散性的基本特征，依托中心城市发挥各地区地方优势，能够取得或者即将取得经济成就的区域，已经成为或者即将成为一个带动国家经济增长的发展重心区被称为经济圈。三大经济圈的概念对应我国经济体量最大、经济发展最为迅速、水平最高的三大都市圈层，即珠三角、长三角和京津冀三大经济圈（李博，2008）；与八大经济圈相类似，三大经济圈层同样是以所辖经济体资源禀赋的同质特征和支撑环境的相似特征为划分依据，作为我国南部、东部和北部的三个增长极，由于其辐射带动性强的特点使得周边临近省份也逐渐融入其产业圈层，并将三大经济圈进一步泛化，包括：珠江三角洲（港澳粤）——泛珠江三角洲（广东、福建、广西、四川、贵州、云南、湖南、江西、海南）；长江三角洲（上海、浙江、江苏）——泛长江三角洲（上海、浙江、江苏、合肥、马鞍山）；京津冀都市圈（北京、天津、河北）——环渤海都市圈（北京、天津、河北、山东、辽宁），见图所示。

据此，将相关省份的旅游市场综合潜力得分按照三大经济圈及其泛化的圈层范围划分为相应集团（见下表 4-4），（需要说明的是，本书在省域评价过程中，基于数据的可得性和统计口径的限制，未采集香港和澳门的数据，因此，珠江三角洲的数据仅用广州的代表），并求出各集团的平均得分和排名。

表 4-4 三大经济圈旅游市场潜力得分及排名表

区域排名	三大经济区	省份	旅游市场潜力综合得分	区域平均得分
1	珠三角	广东	6.66	6.66
2	长三角	浙江	5.07	5.72
		上海	7.2	
		江苏	4.86	
3	泛长三角	上海	7.24	4.06
		浙江	5.07	
		江苏	4.86	
		安徽	-0.93	
		北京	7.55	
4	京津冀	河北	0.91	2.94
		天津	0.36	
		北京	7.55	
5	环渤海	辽宁	1.27	2.72
		山东	3.52	
		河北	0.91	
		天津	0.364737	

（续表）

		广东	6.66	
		福建	0.16	
		海南	-2.63	
		湖南	0.04	
6	泛珠三角	江西	-1.94	0.24
		四川	0.74	
		广西	-1.58	
		云南	-0.46	
		贵州	-3.16	

综合分析，珠江三角洲（仅广东）、长江三角洲（上海、江苏、浙江）和京津冀经济圈（北京、天津、河北）的旅游市场潜力平均得分分别为6.66，5.72和2.94，珠三角（仅广东）和长三角的优势十分明显，京津冀排在第三位。由上左图红色柱所表示的泛化后的三个区域旅游市场潜力状况可知，泛长三角的旅游市场潜力最高，其次是环渤海经济圈；而泛珠三角经济圈由于涉及9个省份，各地的要素积累和发展环境不一，当前的平均潜力状况尚不理想。

第二节 基于影响因素的旅游市场潜力提升路径

一、旅游市场潜力影响因素重要性分析

为深入探究旅游市场潜力的内部结构特征，本书在上文对产业潜力分层评价的基础上，进一步汇总各层次潜力下各主成分的贡献率（见表4-5）。由上文可知，在A2旅游市场市场扩张潜力层，公因子F1（资金和人才储备）与公因子F2（旅游资源）虽然是两个不相关的主成分，但是共同体现了各地旅游市场的市场供给状况，因此，将公因子F1和F2并称为旅游市场市场供给因子，记作F1'；同理，F3（城镇人口旅游需求）与F4（农村

人口旅游需求）虽然是两个不相关的主成分，但是共同体现了不同市场群体旅游需求潜力，因此，将公因子 F3 和 F4 并称为旅游市场市场需求因子，记作 F2'。即，F1'（市场供给）=F1+F2；F2'（市场需求）=F3+F4。同理，在 A3 旅游市场可持续发展潜力层，公因子 F1（便利性与开放度）与公因子 F3（基础支撑）虽然是两个不相关的主成分，但是共同体现了各地旅游市场的基础设施情况，因此，将公因子 F1 和 F3 并称为旅游市场基础设施因子，记作 F1'，即 F1'（基础设施）=F1+F3。由此，进一步将旅游市场潜力的各影响因素进行汇总（见表 4-6）。

表 4-5 旅游市场内部结构各主成分权重表

系统层		各系统贡献率	主成分 Fi	变量名	主成分 Fi 占系统层 Aj 的贡献率	主成分 Fi 对旅游市场综合潜力的贡献率
旅游产业潜力基本结构	A1 旅游市场内在成长潜力	0.33	F1	产业规模	39.66%	13.09%
			F2	产业创新	31.54%	10.41%
			F3	产业集群	28.8%	9.50%
	A2 旅游市场市场扩张潜力	0.33	F1	资金与人才储备	38.52%	12.71%
			F2	旅游资源	24.46%	8.07%
			F3	城镇人口出游需求	19.20%	6.34%
			F4	农村人口出游需求	17.82%	5.89%

（续表）

	系统层	各系统贡献率	主成分Fi	变量名	主成分Fi占系统层Aj的贡献率	主成分Fi对旅游市场综合潜力的贡献率
旅游产业潜力基本结构	A3旅游市场可持续发展潜力	0.33	F1	便利性与开放度	41.73%	13.78%
			F2	制度支持	28.41%	9.38%
			F3	基础支撑	20.69%	6.83%
			F4	环境保障	9.17%	3.02%

表 4-6 旅游市场潜力影响要素汇总表

系统层		各系统贡献率	主成分 Yi	变量名	主成分因子	影响因素 Yi 的权重
旅游产业潜力基本结构	A1 旅游市场内在成长潜力	0.33	Y1	产业规模	F1 产业规模	13.09%
			Y2	产业创新	F2 产业创新	10.41%
			Y3	产业集群	F3 产业集群	9.50%
	A2 旅游市场市场扩张潜力	0.33	Y4	资源供给	F1 资金与人才储备	20.78%
					F2 旅游资源	
			Y5	市场需求	F3 城镇人口出游需求	12.23%
					F4 农村人口出游需求	
	A3 旅游市场可持续发展潜力	0.33	Y6	基础设施	便利性与开放度基础支撑	20.61%
			Y7	制度支持	制度支持	9.38%
			Y8	环境保障	环境保障	3.02%

由表 4-6 的计算结果可知，在旅游市场潜力结构中，各影响因素的权重由 3.02%～20.78%不等。

二、提升旅游市场潜力的路径选择

根据上表对旅游市场潜力影响要素的排序，本书进一步对各地区的要素水平进行分析评价，以明确各地旅游市场潜力的内部结构和优劣势所在，从而得出适用于各地旅游市场潜力的提升路径。

1.资源供给

资源供给反映了当地的旅游市场资源供给能力。区域旅游市场潜力的积累和发挥是以产业基础要素的供给为基础的，这包括旅游市场的资金投入，人力资源的教育、培训与引进能力以及旅游吸引物资源的数量和质量，即产业发展所需的人、财、物三个环节。

通过上文的主成分分析可知，旅游市场的资源供给这一影响要素包括旅游市场的资金和人才储备以及旅游资源（吸引物）储备两个主成分，据此，对 31 个省、直辖市、自治区的资源供给能力及其内部两个主成分得分进行排名汇总（表 4-7）。

由表 4-7 可见，北京、上海、浙江、广东、江苏、山东等省的资源供给能力较强，突出的原因在于上述省份的资源和人才储备优势明显，旅游资金投入以及人力资源的培养对旅游市场的发展起到了重要的推动作用：同时，在旅游吸引物资源方面，江浙一带独特而极具吸引力的风景和风土人情资源居全国之首，这也成为其资源供给能力突出的重要优势环节。

同时，广东、上海的旅游（吸引物）资源基础并不突出，在全国的排名跌至末尾，北京的旅游吸引物资源也只排名 24 位，因此，这些省份并非资源型旅游城市（区域），而应当融合其自身的社会、经济、文化和市场特色探索更为丰富和多层面的都市旅游的发展道路。

表 4-7 旅游市场潜力的资源供给能力排名

排名	地区	要素得分	地区	人才储备	地区	旅游资源
1	北京	3.883683	上海	10.6303	浙江	2.651265
2	上海	3.763906	北京	10.43962	江苏	2.180023
3	浙江	3.146582	广东	9.791319	新疆	1.300254
4	广东	3.1448	浙江	6.485742	河南	1.283784
5	江苏	2.874063	江苏	6.07748	湖北	1.012581

（续表）

排名	地区	要素得分	地区	人才储备	地区	旅游资源
6	山东	1.247784	山东	2.917613	安徽	0.971954
7	辽宁	1.196102	辽宁	2.694046	甘肃	0.650757
8	四川	0.661517	四川	1.610913	辽宁	0.647816
9	河北	0.574958	河北	1.333255	西藏	0.566339
10	湖北	0.2149	天津	0.374001	吉林	0.543334
11	河南	0.190688	福建	0.353755	山东	0.507073
12	福建	0.174962	湖北	-0.08514	云南	0.370543
13	重庆	-0.02681	重庆	-0.16072	内蒙古	0.328359
14	天津	-0.15611	河南	-0.32024	河北	0.251178
15	云南	-0.20453	湖南	-0.67602	四川	0.167848
16	安徽	-0.26811	云南	-0.76637	福建	0.158251
17	湖南	-0.27384	陕西	-0.845	重庆	0.14346
18	陕西	-0.57163	安徽	-1.31339	湖南	-0.05502
19	甘肃	-0.69333	广西	-1.59322	海南	-0.05867
20	广西	-0.85218	甘肃	-2.21339	黑龙江	-0.23422
21	新疆	-0.99503	贵州	-3.21308	山西	-0.31626
22	西藏	-1.12575	海南	-3.25976	青海	-0.45142
23	吉林	-1.2355	西藏	-3.28249	江西	-0.53108
24	海南	-1.26988	黑龙江	-3.28975	北京	-0.56103
25	黑龙江	-1.32437	山西	-3.34446	广西	-0.97515

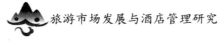

（续表）

排名	地区	要素得分	地区	人才储备	地区	旅游资源
26	内蒙古	-1.35005	新疆	-3.40921	陕西	-1.00635
27	山西	-1.36551	吉林	-3.55284	贵州	-1.07931
28	贵州	-1.50156	江西	-3.58949	天津	-1.22707
29	江西	-1.51243	内蒙古	-3.7137	宁夏	-1.26708
30	宁夏	-2.49929	宁夏	-5.68426	上海	-1.35092
31	青海	-2.50627	青海	-6.22039	广东	-2.56086

相较而言，青海、宁夏、江西、贵州、内蒙古、山西、海南、西藏、新疆等地的整体资源供给能力处于劣势；此外，值得指出的是，新疆、西藏、内蒙古、山西、青海等地的旅游吸引物资源本身的确具有较强的吸引力和垄断性，但是，由于其产业发展其他基础资源（如资金投入、人力资源等）存在严重不足、滞后和缺位，极大地束缚并制约了当地优势吸引物资源的市场价值实现和可持续吸引力的形成，因此，上述区域应着力构建和完善产业的基础要素，形成人、财、物相配套的产业链，从而形成多层面的资源驱动力并不断积累旅游市场的发展潜力。

2.基础设施

本书所评测的基础设施并非为满足旅游者在旅行游览中的需要而建设的各项旅游设施，而是指在旅游市场所在地所建设的各项辅助和促进旅游业发展的交通、文化设施以及互联网、信息、邮电等提高旅游市场所在地的开放度和便利性的各项基础设施建设，构成促进旅游市场潜力得以积累和提升的物质基础。

通过上文的主成分分析可知，基础设施这一影响要素包括开放度和便利性、基础支撑（当地的交通和文化设施建设情况）两个主成分，据此，对31个省、直辖市、自治区的基础设施及其内部两个主成分得分进行排名汇总（表4-8）。由表4-8可以看出，上海、北京、山东、广东、湖南、天津、江苏等省的基础设施比较完善，主要得益于这些省份在运输、电信和邮政业务、互联网等便利性高，进出口贸易频繁，对外开放程度高，文化设施和交通设施比较完备。

同时，由上表中的"基础设施"因素评价可知，河南省、四川省、河北省的文化设施、交通设施建设状况也在全国名列前茅，但是其"便利性与开放度"较弱，排名落后，制约了当地整体的基础设施水平和旅游市场潜力的积累。

表 4-8 旅游市场潜力的基础设施建设水平排名

排名	地区	基础设施因素得分	地区	开放度和便利性	地区	基础支撑
1	上海	2.805645	广东	|1.741467	山东	1.645506
2	北京	2.736725	上海	1.668822	河南	1.431521
3	山东	2.423505	北京	1.538748	四川	1.235904
4	广东	2.182513	江苏	1.07937	河北	1.214733
5	湖南	1.191895	湖南	0.825264	北京	1.197977
6	天津	1.062138	山东	0.777999	上海	1.136823
7	江苏	0.986768	浙江	0.743757	云南	1.127564
8	云南	0.961839	天津	0.547543	辽宁	0.857155
9	河南	0.951323	福建	0.316857	黑龙江	0.724361
10	浙江	0.880333	海南	0.283189	山西	0.647938
11	四川	0.858717	江西	0.011888	湖北	0.573984
12	河北	0.753131	广西	0.007468	天津	0.514594

（续表）

排名	地区	基础设施因素得分	地区	开放度和便利性	地区	基础支撑
13	湖北	0.42708	西藏	-0.00501	新疆	0.484271
14	黑龙江	0.373488	湖北	-0.1469	广东	0.441046
15	辽宁	0.32084	云南	-0.16572	湖南	0.366631
16	山西	0.138968	吉林	-0.2208	内蒙古	0.179568
17	新疆	0.077316	安徽	-0.26628	浙江	0.136577
18	福建	0.03568	贵州	-0.27593	陕西	0.134297
19	江西	0.023824	重庆	-0.28656	安徽	0.089848
20	广西	0.06558	陕西	-0.30244	江西	0.011936
21	陕西	-0.16814	黑龙江	-0.35087	甘肃	0.0468
22	安徽	0.17643	四川	-0.37719	广西	-0.07305
23	贵州	-0.47564	新疆	-0.40696	江苏	0.0926
24	内蒙古	-0.4765	青海	-0.42409	贵州	-0.19971
25	吉林	-0.49913	甘肃	0.45802	吉林	0.27833
26	甘肃	0.50482	河北	-0.4616	福建	-0.28118
27	西藏	0.87056	河南	-0.4802	西藏	-0.86555
28	重庆	-1.30316	山西	-0.50897	青海	-0.91371
29	青海	-1.3378	宁夏	-0.5162	重庆	-1.0166
30	海南	-1.49913	辽宁	0.53631	宁夏	-1.63045
31	宁夏	-2.14665	内蒙古	0.65607	海南	-1.78231

相较而言，贵州、内蒙古、吉林、甘肃、西藏、重庆、青海、海南等地的整体基础设施水平排名较为落后，其便利度和开放性以及基础支撑力都较为弱势，且这些省份大多位于西部省份，因此，对西部来说，建设和完善各项基础设施，提高当地的可进入性、便利性和开放度，形成和巩固对旅游市场的基础支撑力，是当前积累旅游市场潜力的重要途径。

3. 产业规模与产业集群

产业规模体现某个特定区域内产业总资产的总和；而产业集群是指在特定区域中，具有竞争与合作关系，且在地理上集中，有交互关联性的企业、专业化供应商、服务供应商等相关产业的厂商及其他相关机构等组成的群体。通过产业的集群和规模效应来提高规模收益和产业效率并拓展产业自身的宽度和深度，有助于旅游市场内部各个行业及相关产业的联动发展，从而增强旅游市场的综合实力、后续成长能力以及产业发展潜力。

根据本书的因子分析和主成分提取可知，产业规模和产业集群同是构成旅游市场内在成长潜力的重要影响因素，据此，对31个省、自治区、直辖市的产业规模和产业集群的得分进行汇总和排名（见表4-9）。

由表4-9可见，山东、河南、广东、北京、河北的旅游市场规模最为突出，上海和江浙两省紧随其后，表明上述省份具有良好的产业实力和完备的产业基础要素，其规模效应的发挥对旅游市场潜力的积累产生了积极的促进作用。同时，广东、上海、浙江、江苏等省的产业集群得分名列前茅，表明这些地区的旅游市场效率较高，通畅的产业链运作模式以及协调的产业联动与合作机制促进了地区旅游市场集群效益的产生，为旅游市场潜力的发挥和提升起到了重要影响。

通过上表中"产业规模"和"产业集群"的得分和比较可见，海南、西藏、宁夏、重庆、青海等地的产业规模较小，旅游市场的整体实力不强，但相较而言，上述省份的旅游市场集群水平较高，集群效益较为突出，因此，此类省份可以通过进一步提升旅游市场的产业地位、扩大产业规模的途径来不断促进旅游市场潜力的提升。

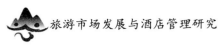

表 4-9 旅游市场潜力的产业规模与产业集群要素水平排名

排名	地区	产业规模因素得分	地区	产业集群因素得分
1	山东	2.231003	广东	3.56022
2	河南	2.18354	上海	2.631456
3	广东	1.87073	浙江	1.4588
4	北京	1.648108	海南	0.761955
5	河北	1.01813	重庆	0.664262
6	上海	1.013607	江苏	0.603837
7	江苏	1.002123	福建	0.497508
8	浙江	0.632259	云南	0.436002
9	湖北	0.613865	宁夏	-0.11981
10	湖南	0.468524	西藏	-0.1856
11	四川	0.402221	广西	-0.20567
12	辽宁	0.3499	四川	0.21925
13	安徽	0.201564	青海	-0.22132
14	黑龙江	0.182431	北京	0.28269
15	山西	0.091847	天津	-0.29667
16	广西	-0.11354	贵州	-0.3096
17	陕西	-0.25138	陕西	-0.31182
18	江西	-0.3035	新疆	-0.32443
19	福建	0.30384	内蒙古	-0.40935
20	吉林	-0.31102	辽宁	-0.41072
21	云南	-0.41653	甘肃	-0.45278

（续表）

排名	地区	产业规模因素得分	地区	产业集群因素得分
22	内蒙古	-0.42403	山东	0.47927
23	贵州	0.46174	湖南	-0.4932
24	新疆	-0.57414	江西	0.51132
25	甘肃	-0.60805	安徽	0.53707
26	重庆	-0.91633	吉林	-0.59558
27	青海	-1.12858	黑龙江	-0.6178
28	天津	-1.17617	湖北	-0.72658
29	宁夏	-1.21066	山西	-0.77784
30	西藏	-1.22044	河北	-0.83803
31	海南	-1.40938	河南	-1.28763

相对而言，山东、河南、北京、河北、湖北等地旅游市场的规模较大、产业要素比较完备，但旅游市场集群效应相对较低，因此，此类省份应着力于提升产业的聚集度和产业效率，促进旅游市场的集约化发展，通过提升集群效应来提升旅游市场的潜力。

4. 市场需求

旺盛的市场需求和消费结构的优化有助于产业要素的灵活流动与优化配置，从而促进旅游及其相关产业要素市场价值的提高，并进一步提升旅游市场的潜力和现实的市场业绩。本书通过对 31 个省、自治区、直辖市中城镇人口和农村人口的出游需求和消费能力的评价来分析各地旅游市场的市场需求水平，并对这一影响要素得分进行汇总和排名（见表 4-10）。

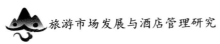

表 4-10 旅游市场潜力的市场需求要素水平排名

排名	地区	市场需求因素得分
1	上海	0.957841
2	广东	0.815721
3	北京	0.790974
4	浙江	0.708487
5	江苏	0.70187
6	山东	0.451103
7	黑龙江	0.300712
8	天津	0.239484
9	山西	0.185952
10	湖北	0.182582
11	湖南	0.173528
12	江西	0.147927
13	内蒙古	0.14396
14	福建	0.06779
15	河北	0.020113
16	河南	−0.01358
17	云南	−0.06299
18	四川	−0.12192
19	吉林	−0.14872
20	辽宁	−0.23114
21	新疆	−0.24509
22	广西	−0.28593
23	海南	−0.28603

（续表）

排名	地区	市场需求因素得分
24	青海	-0.30577
25	宁夏	-0.34494
26	安徽	0.3582
27	甘肃	0.477
28	重庆	0.4961
29	陕西	-0.62267
30	西藏	-0.66383
31	贵州	-0.91127

由表 4-10 可见，上海、广东、北京、江苏、浙江等省的旅游市场需求非常旺盛，这主要得益于上述省份中居民的收入较高和购买力较强，社会进步前提下消费观念的更新以及当地独特的都市文化品牌对市场的强大感召力。相较而言，贵州、西藏、陕西、重庆、甘肃、安徽等地的市场需求动力不足，很大程度上受制于当地人均可支配收入不足、消费观念落后、市场灵活性不强及第三产业活跃度不够等因素。因此，更新社会观念、调整消费结构、推行国民休闲计划并辅之以相应的优惠政策是激发当地市场需求，提升旅游市场潜力的关键。

5.产业创新

创新是企业生存发展的动力源泉，也是提升产业潜力，促进产业可持续发展的的重要手段。本书对旅游市场创新能力的评价是通过对旅游市场所在地的技术和专利水平的评价以及对当地高学历人才储备情况的评价，据此，对 31 个省、自治区、直辖市的产业创新要素水平得分进行汇总和排名（见表 4-11）。

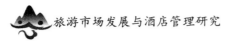

表 4-11 旅游市场潜力的创新要素水平排名

排名	地区	产业创新因素得分
1	北京	3.895068
2	天津	1.152004
3	上海	1.016383
4	辽宁	0.348112
5	黑龙江	0.327753
6	湖北	0.259898
7	陕西	0.166495
8	吉林	0.1121
9	广东	0.011045
10	山西	-4.8E-05
11	山东	-0.10057
12	河南	0.10523
13	浙江	0.16927
14	河北	0.25349
15	江西	0.27238
16	湖南	-0.28163
17	新疆	-0.29158
18	江苏	-0.30083
19	内蒙古	-0.32935
20	福建	-0.35613
21	广西	0.35795
22	甘肃	-0.37596
23	宁夏	0.39714

（续表）

排名	地区	产业创新因素得分
24	安徽	-0.41622
25	重庆	-0.44729
26	四川	0.48582
27	海南	-0.50851
28	贵州	0.55163
29	西藏	-0.56178
30	青海	-0.58461
31	云南	-0.63936

表 4-12 旅游市场潜力的制度支持要素水平排名

排名	地区	制度支持因素得分
1	山东	13.389705
2	江苏	1.216451
3	北京	0.997357
4	上海	0.9628
5	广东	0.890038
6	辽宁	0.605804
7	河北	0.56039
8	河南	0.483464
9	浙江	0.479455
10	四川	0.43711
11	天津	0.40913
12	内蒙古	0.11768
13	新疆	-0.08323

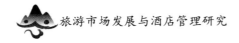

（续表）

排名	地区	制度支持因素得分
14	黑龙江	-0.15013
15	安徽	0.17356
16	重庆	-0.23748
17	湖北	0.25769
18	青林	-0.37496
19	山西	-0.41565
20	陕西	-0.42248
21	青海	-0.53166
22	云南	-0.53256
23	宁夏	-0.60609
24	福建	-0.6697
25	甘肃	-0.68046
26	贵州	-0.72945
27	西藏	-0.77854
28	湖南	-0.87341
29	广西	-1.01843
30	江西	-1.16928
31	海南	-1.27812

由上表 4-11 可知，北京、天津、上海的产业创新能力最为突出，同时，辽宁、黑龙江、湖北、陕西等省的得分紧随其后，表明东北和中部大省的技术创新能力和人才储备具备了一定的实力，为提升旅游市场潜力奠定了良好的基础；相较而言，云南、青海、西藏、贵州等省的情况则处于弱势状态，其创新和人才环境仍需要大幅的改善。

6.制度支持

良好的制度环境和政策支持会产生积极的外部性作用，从而辅助市场的自发调节，对产业的发展产生良性的推动作用。本书通过各地区的各项行政、管理、文教、市政建设等投入情况来考量其制度的建设和对产业的支持力度，据此，对 31 个省、自治区、直辖市的制度支持要素得分进行汇总和排名（见表 4-12）。

表 4-12 显示，山东、江苏、北京、广东、上海等地的制度支持力度较强，这主要得益于这些省份的社会经济发展速度较快，对外开放和文化融合程度较高等区域优势和发展基础；相较而言，海南、江西、广西、湖南、西藏等省的制度支持力度较弱，现阶段仍难以对旅游市场潜力的提升起到有力的引导和推动作用。因此，在上述区域，进一步加大各项基础投入，建设和完善良好的产业运行环境，加大对外开放交流程度和产业政策扶持力度，推动区域的均衡发展显得尤为重要。

完善海南省的旅游服务设施，经营管理和服务水平与国际通行的旅游服务标准全面接轨，初步建成世界一流的海岛休闲度假旅游胜地，并将"建设海南国际旅游岛"上升为国家战略。随着这一政策的出台，海南省的各项配套建设和措施也陆续地启动，以旅游市场为龙头的各项服务贸易和相关产业也陆续启动，展现出空前的市场前景和发展空间，其旅游市场潜力变得十分巨大，显示出强劲的发展势头和潜力巨大的提升空间。

同时，《中共中央国务院关于新时代推进西部大开发形成新格局的指导意见》也指出，"海南省建省办经济特区 20 多年来，经济社会发展取得显著成就。但由于发展起步晚、基础差，目前海南经济社会发展整体水平仍然较低，保护生态环境、调整经济结构、推动科学发展的任务十分艰巨"。可见，海南省的实际情况，尤其是在此国家战略尚未出台之前的情况与本书的评价结论并不矛盾，相反，政策和制度的出台极大地激发了海南省旅游市场的整体发展潜力，这充分发显示出制度对旅游市场潜力的重要性和影响力。

7. 环境保障

本书对"环境保障"主成分的考量主要是通过当地的自然和生态保护程度、环境治理程度和人均绿化程度等相关指标，区域的自然和生态环境一方面影响着当地居民的生活质量，同时也关系着当地的旅游承载力，从可持续发展角度来说，区域的环境状况极大地影响着旅游市场潜力的积累和发挥，据此，本书对 31 个省、自治区、直辖市的环境保障因子得分进行汇总和排名（见表 4-13）。由表 4-13 可见，福建、浙江、江西、山西、广西、贵州等省的环境保障水平在全国的排名最高，为区域旅游市场潜力的积累创造了良好的自然和生态环境；相较而言，上海、内蒙古、广东、北京、甘肃等省的环境保障状态并不理想；发达城市出现此状况的主要原因在于当地人口众多、经济发展过快、人均绿化程度低等情况。因此，在此类区域应着力寻求经济发展与生态效益的统一，运用科学发展观来推动产业和区域的可持续健康发展，从而提升旅游市场的潜力；而对于内蒙古、甘肃、黑龙江等省份来说，提高绿化面积，加大自然和生态保护力度，注重环境治理工作则是当地解决问题的关键。

表 4-13 旅游市场潜力的环境保障要素水平排名

排名	地区	环境保障因素得分
1	福建	1.41
2	浙江	1.39
3	江西	1.04
4	山西	0.76
5	广西	0.73
6	贵州	0.68
7	新疆	0.59
8	四川	0.59
9	河南	0.47

（续表）

排名	地区	环境保障因素得分
10	海南	0.45
11	江苏	0.44
12	湖北	0.43
13	宁夏	0.41
14	陕西	0.36
15	湖南	0.32
16	天津	0.30
17	河北	0.29
18	西藏	0.27
19	重庆	0.21
20	黑龙江	0.20
21	甘肃	0.20
22	广东	0.18
23	内蒙古	0.16
24	上海	0.04

综上，资源供给、基础设施、产业规模、市场需求、产业集群、产业创新、制度支持和环境保障八大要素是提升旅游市场潜力的主要影响要素，不同区域的旅游市场根据自身的条件具有不同的优势和劣势环节，上文对各要素的具体评价分析，有助于各地区选择更适合自身的发展路径和侧重点来不断提升自身旅游市场的潜力。

通过对多个省直辖市自治区旅游市场发展潜力的分层和综合评价，可以发现，区域间旅游市场的发展潜力存在差异，总体来说，东部的潜力较为突出，中西部省份则相对较弱。而本书的测评的多个省直辖市自治区的旅游市场竞争力水平（除了中西部云南、四川等地的竞争力较强，属于例

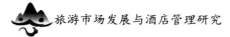

外）也均呈现出较为明显的东部高、中西部低的状况，这一趋势为潜力向竞争力的转化研究提供了良好的前提。竞争力更多的是表现出当前业已形成的市场业绩和综合实力，而潜力更多的是着眼于未来，是对未来竞争力的一种积累，处于一个动态的过程中，而这一不断积累的潜力在未来某一时点或者时段是否能转化成为现实的竞争力，是否能从量变转为质变，则需要内外条件的共同作用，其最根本的途径则是立足于区域的实际，立足于对自身旅游市场优劣势的把握，立足于寻求最适合该区域的潜力提升路径。

第五章提升中国旅游产业潜力的对策建议

第一节 激活旅游产业潜力的要素

一、完善政策支持，形成特色旅游产业集群

首先，政府制定的产业目标、投资政策、开放政策等是发展旅游产业的基本条件，积极的政策对提高旅游产业潜力十分必要。政府政策的作用不仅表现为对旅游资源开发利用与保护的制度、投资导向、宏观经济调控、社会政治稳定性等内容的引导和规范，而且，政府管理的规范化程度和促进旅游业发展的方法和手段也有利于区域旅游产业整体合力的形成，并进一步影响到旅游产业潜力的发挥。

其次，各行业各部门要发挥自身优势，抓好旅游产业的开发工作，如建设、交通、林业、农业、海洋、文化、宗教、民委、科技等部门要根据旅游市场的需求，发挥自身的优势开发建设各具特色的旅游产品，实现与旅游产业的"对接"，扩大旅游产业的内涵，通过产业之间的融合，造就高品位、多元化的精品，增强旅游产业的潜力。

再者，为培育更多的旅游产业集群，要为旅游产业集群发展创造良好条件，制定相关的地方性法规，规范和维护集群内企业之间的"信任关系"。同时，成立网络信息协调机构，获取最新的产品、服务、市场、同业动态等信息，传播给邻近的旅游企业；并收集各旅游企业的信息共享和沟通，造就新的商业机会以及学习源，加快旅游产业集群的形成。

二、突出资源禀赋，拓展旅游产业潜力发展空间

旅游资源的空间分布对旅游产业潜力的布局有着深刻的影响，根据各地区资源的类型、数量、质量、特点及其分布规律因地制宜地制定全面的、

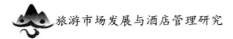

合乎实际的旅游业空间布局政策，对实现资源的优化配置及确定区域旅游业的发展方向和发展重点具有十分重要的理论和实践意义。

但是，对旅游资源及旅游产业发展作用的评估不能局限在企业内部，而要将旅游资源置于其所面对的旅游产业发展的动态环境中进行比较分析，从而判断旅游资源的真实作用和价值。通过省际层面旅游资源对旅游业发展作用的分析，本书认为，旅游资源促进了我国旅游业的发展，但是，不可忽视的是由旅游资源配置所产生的机会成本、政府主导效应、寻租效应及效率损失、资金误配等已经成为影响旅游业发展的重要原因，并且，非旅游资源部门也是促进我国旅游业发展的重要因素，这或许为我国旅游业未来的发展提供了方向，即突破依赖旅游资源的单一旅游业发展模式，实现旅游业业态结构的多元化，通过产业结构的合理化转换和升级实现我国旅游业转型发展，使其成为处于转型期的我国旅游业增长的技术动力。为了进一步避免旅游资源对旅游业的发展产生负面效应，必须打破现存的资源依赖格局，构建良好的制度基础，通过引导旅游业业态的多元化发展以促进旅游业的发展。

另一方面，由于旅游资源的外延和内涵都是相对的、变化的和不确定的，需要根据旅游产业的新发展，适当扩展旅游资源的边界。特别是对资源非优区来说，一方面可以突破旅游业发展过程中的资源约束，另一方面可以利用当地经济优势、文化优势或区位优势"发明"旅游资源，开发会展会议旅游、风俗节庆游、工业旅游、主题公园旅游、乡村旅游等都拓展了旅游业发展的宽度，为资源非优区旅游业发展提供了更为现实的途径，并以此打破旅游资源与旅游业发展之间存在的困境，实现旅游业的可持续发展。

三、完善基础设施，夯实旅游产业发展的基础支撑

旅游产业潜力是旅游产业创造价值的综合能力，要把改善基础设施作为提高旅游产业潜力的战略重点，为旅游产业发展提供新的保障。

第一，大力推进技术性基础设施建设，改善交通、通讯、信息等基础设施环境，为旅游产业管理和发展创造良好的硬环境；第二，提供旅游产业基础设施，政府应根据旅游产业集群所需的公共基础设施精心设计和规划基础设施重点目标实施步骤和具体方案；第三，进一步加大科技基础设施投入和建设，为吸引科技资源，提高科技实力，培育旅游产业发展的技术性环境。

四、加强财政支撑，保障旅游产业发展的持续动力

　　第一，通过政策引导，加大对旅游业的资金支持力度。在对旅游产业的产业地位和发展目标进行科学定位的基础上，加大对旅游业的必要投入，同时避免盲目投入和重复建设，建立科学而有力的财政支撑。首先，应从实际出发，运用财政性资金加大对旅游发展的支持，并加快旅游基础设施的建设；积极探索利用项目融资、股权置换等方式，启动全面的投、融资服务；其次，鼓励有条件的旅游企业采取上市等方式进入证券市场融资；加强政府引导，面向社会，多渠道、多方位筹集旅游发展基金，进一步吸引社会多元化多元化社会资金投入，扩大政府投资的效应；同时，对有利于促进生态环境保护的旅游投资项目，应出台有关的税收减免优惠政第二，在对旅游业有形资产、基础和配套设施进行投入的基础上，明确并重视旅游公共服务职能和产品，并尝试将这一公共服务建设纳入公共财政目录，建立稳定资金渠道，增加针对此环节的投入，并尝试与新农村建设或是工业化建设项目相结合，获取一定的资金支持；在明确旅游公共服务职能和近期优先发展领域的基础上，启动公共工程，包括安全救援体系、自驾车服务体系、公共信息平台等。

五、强化人才支撑，促进旅游人力资源交流合作

　　要继续深入推进旅游业的发展，必须在现有基础上继续加强旅游业的

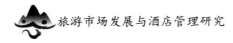

软、硬件双重实力，继续完善人、财、物的投入产出结构，完善旅游业的基础和配套建设，其中人才建设最为核心。强化人才支撑力度，需要站在国际化角度，加快人才培养和引进。结合旅游市场的发展需要，抓紧培养旅游的高级管理、经营和服务人才并建设和完善高等院校旅游学科和师资队伍。同时，搭建旅游人才教育、合作交流平台，强化区域旅游行业的人力资源开发合作，实现教育资源共享并搭建人才服务平台；消除限制、疏通渠道，加强旅游人力资源跨地区开发利用和合理配置。

六、推进国民休闲计划，激发"持久性"市场活力

为减小 2008 年国际金融危机当前及后续影响并适应后奥运、后世博、后危机和十二五发展需要，我国旅游业要前瞻性地借"机"转换发展的方向、战 略和结构，要从低级形态的"大众旅游"向高级形态的"国民休闲"递进，以激发、引导、满足国民休闲的需求从而进一步激活并扩大内需，这是应对危机的必由之路。长远来看，国民休闲计划的确立和实施并非单纯为了应对危机而激发一时的市场需求，而是一种旅游产业发展方向和增长方式的转变，是进一步提高旅游产业能级，促进中国旅游产业可持续发展的必由之路，主要包括以下几个层次：

第一，倡导国民休闲新理念，转换旅游发展方向，即从"大众旅游"低级形态向"国民休闲"高级形态递进，这也是旅游需求进一步个性化、多元化的必然要求；第二，培育国民休闲新方式，转换旅游增长方式，即转变"大众旅游"时代的就旅游而旅游、就旅游而发展旅游的旧习与套路，在"国民休闲"时代要强化旅游的生态、生产、生活和生命内涵及属性，极大拓展国民休闲的外沿与方式，率先实现旅游产业由传统业态向复合新业态、消费型产业向消费生产型产业、单纯经济产业向社会民生事业递进，走创意、科技、品牌、生态、低碳、民生驱动型旅游发展道路，顺利实现我国旅游经济增长方式的转变。第三，鼓励国民休闲新行为，转换旅游服务结构，即根据"国民休闲"时代的新要求，旅游管理部门要主动作为转

变激励方式、旅游经营企业要加大作为转变服务方式，以更好地激发国民休闲需求、引导和满足国民休闲行为，培育旅游新业态、新增长点，不断地拓展旅游产业的深度， 构建起新的旅游产业服务体系。

第二节 促进区域旅游产业潜力的协调发展

一、东部发展：加快东部旅游经济的一体化互动

由上文的评价研究可知，我国东部地区旅游产业潜力整体较强，尤其珠江三角洲、长江三角洲和北京的实力最强，呈现出强劲的发展势头和发展前景。对此，应该进一步鼓励东部地区加快发展，提升东部地区的带头示范作用，然后通过一定的制度安排让东部地区"反哺"中西部地区，东部地区进一步发展主要通过市场驱动和规模驱动的模式。

首先，发挥市场的驱动力量，通过旺盛的市场需求、优化的消费结构、灵活的市场机制、娴熟的市场运作和通畅的市场环境来促进各地旅游相关的主体和客体的广泛流动和产业要素的优化配置，从而实现旅游及其相关产业要素的市场价值和增值，尤其是在未来要进一步加强珠三角、长三角和京津冀（环渤海经济圈）之间的要素流通形成市场互动，实现多赢。

其次，突出区域内的规模效应，发挥产业规模驱动的力量，在旅游产业和地区综合经济发达的区域，开放度高、产业基础雄厚、产业网络发达、市场活跃的区域，应大力通过产业的聚集和规模效应来提高产业效率和规模收益并拓展产业自身的宽度和深度，并通过旅游产业内部各个行业及相关产业的联动发展来增强旅游产业的综合实力、后续成长能力以及产业发展潜力。

再者，随着东部地区经济的快速发展和制度的变迁，珠江三角洲和长江三角洲地区的一些省市之间逐步出现制度融合和产业整合的现象，都市群也进一步凸显出来。这是区域经济一体化的结果。通过区域经济一体化

可以进一步加强区域经济的聚集和辐射功能。为了进一步提高东部地区的区域经济一体化，必须建立起能够实现资源共享的跨区域市场体系格局，实现旅游市场、资金市场、技术市场、人才市场、产权市场等各类市场的一体化，通过加快市场化的进程来促进东部地区的经济一体化。另外，东部地区必须抓住全球产业结构大调整这一契机，积极配合各区域的战略定位，充分发挥各区域的比较优势，加强产业结构的分工与互补。

二、中部崛起：构筑新的旅游产业发展高地

中部地区各省份的旅游产业潜力基本处于全国的 B 类集团，即中游水平，其内在成长潜力、市场扩张潜力和可持续发展潜力都较为均衡，整体的产业潜力处于积累状态，因此，对于中部地区来说，立足于当前的实际，根据自身的优势和特色来确定发展方向，继续积累产业潜力，不断积累和巩固自身的优势，是当前最为适合的途径，具体措施包括：

首先，积极开发新型旅游产品，打造旅游新兴行业，以满足旅游者日益增强的对新兴和新型旅游产品的需要。尤其是，打破观光旅游产品独占鳌头的格局，针对新兴的市场需求，适时开发系列的新兴旅游产品，如休闲度假旅游产品、会议展览旅游产品和文化娱乐旅游产品，发展与之相对应的休闲度假产业、会展旅游业、旅游文化产业和旅游房地产业等新兴行业，壮大旅游产业的规模，丰富旅游产业的内容。

其次，不断拓展传统旅游业内部的新型业态，在传统的"行、游、住、食、娱、购"等行业内部，开发和发展系列满足旅游需求多变和在市场竞争加剧的激励和压力下产生的新型行业。比如，在旅游交通运输方面，除了传统的旅游车船公司外，设置包机旅游服务公司、自驾车旅游租赁公司和特殊交通工具旅游服务企业；在住宿方面，除了传统的以客房出租为主的宾馆饭店外，发展新型的商务型酒店、会展型酒店、产权酒店和分时度假酒店。如此种种，在传统旅游业内部不断发展新型行业，优化旅游产业结构，改变旅游业的竞争方式和内容，增强区域旅游产业的竞争能力和

满足旅游者多元化需求的能力。

第三，整合旅游产业，克服旅游产业条块分割、多头管理、各自为政和发展无序的现象，改变旅游产业竞争格局，提升区域旅游产业的综合竞争力。通过整合发展，组建综合性、专业性的旅游企业集团，加强跨地区的旅游合作和联合重组，形成市场网络，有效组织客源，提升旅游产业整体竞争力水平。

第四，加强旅游产业与国民经济其他各行业的相互渗透和融合，壮大旅游产业的规模，充实旅游产业的内容。一方面，通过旅游产业向国民经济其他行业渗透和融合，打造新的旅游业态，如旅游产业向工业和农业渗透形成工业旅游和乡村旅游旅游业向教育业渗透形成校园旅游和修学旅游，旅游业向生态建设与环保业渗透形成生态旅游等等。另一方面，通过国民经济其他行业向旅游产业渗透和融合，促进了旅游产品的创新，推动创新新型产业形态的制度供给，如通过银行业向旅游业的渗透推动旅游风险投资的增加和旅游产品的开发，促进旅游信用体系的建立和发展；通过保险业向旅游业的渗透，降低旅游企业经营和旅游者决策的风险，有力地保证旅游经济活动的顺利进行。

三、西部开发：激发旅游产业的"后发优势"

由上文的研究可见，我国西部地区旅游产业的潜力目前还处于待激活的阶段，与东部和中部相比还存在巨大的差距，针对这一实际，西部地区的未来发展应该积极发挥制度驱动和资源驱动的力量，激发西部旅游产业的后发优势。

首先，大力发挥政策支持和制度驱动的作用，通过地区政府各项行政和管理的投入、市政建设以及相关政策和制度的支持为旅游产业发展营造出良好的氛围，通过制度的引导、辅助和推动促进产业的可持续发展，这也恰与当前国务院极为重视并将大力推行的"进一步深化西部大开发、由大开发到深入改革开放、构建对外开放格局"的未来十年西部发展政策尤为呼应。《中共中央国务院关于新时代推进西部大开发形成新格局的指导意见》中所提出的："加强基础设施建设；加大环境保护和生态建设力度，促进建设资源节约型和环境友好型社会；调整产业结构，转变经济发展方式；加强民生工程建设，促进社会和谐；加快社会事业发展，提高基本公共服务水平；统筹区域发展，积极培育经济增长极；深化改革开放，构建对内对外开放新格局；加快地震灾区灾后重建，全面完成规划任务；加大投入力度，落实组织保障"等重点战略为西部旅游业的未来发 展提供了极好的契机，为西部旅游资源的合理保护、开发和利用，为旅游产业构建良好的供求机制和旅游企业做大做强创造了积极而宽松的制度环境并奠定了一定的基础。

其次，突出西部地区的资源优势。西部的资源优势主要体现在旅游资源本身具有较强的市场吸引力和垄断性，在未来应选择更加合理的开发利用模式和市场宣传、品牌塑造方式，扩大市场的影响力。同时，西部的产业资源（如资金投入、技术及创新资源、人力资源和行业联动合作等资源）不足、滞后和缺位，严重束缚并制约了当地优势吸引物资源市场价值的实现和可持续吸引力的形成，亟待改进。因此，西部地区在未来应着力构建人、财、物及通达的产业组织网络，从而形成多层面的资源驱动力并不断积累旅游产业的发展潜力。

第三节 引导旅游产业潜力向现实层面的转化

旅游产业潜力是其未来竞争实力和发展能力的积累阶段，也是产业可持续发展的基础和保障；潜力的提升既包括对潜在实力的不断积累，也包括由潜在向现实层面的转化和过渡。量变达到一定程度必然要寻求质变的方式，随着潜力的不断积累，我们必然也要积极思索并践行由内隐性的潜力到外显性实力的过渡和演化，而这一过渡得以实现的关键在于把握旅游产业潜力之间的作用机制和联系通道。实际上，旅游产业潜力一方面表现为旅游资源、旅游市场潜力（Jansen-Verbeke，1995）、国家政治环境、产业政策、税率以及微观管理（Kelly，1998）等因素的综合，另一方面也表现为比较好的产业结构以及在旅游产业发展过程中所形成的比较有效的产业内部互动性动力结构。基于产业经济学"结构—行为—绩效"（SCP）的分析框架，旅游产业潜力向现实层面的转化主要通过三个渠道，即对产业结构、产业行为（聚集）和产业绩效，由此，本书归纳出旅游产业潜力向现实层面过渡的三个路径，即产业结构、产业聚集和企业效率。

一、调整产业结构

旅游产业结构调整和升级是加快旅游产业发展的本质要求，在旅游产业发展过程中，要有效利用产业机构变化效应，并建立长效监测机制，随着经济形势和环境因素的改变而不断修改政策引导方向，为产业结构优化提供系列制度变革和政策，形成旅游产业发展新格局。

首先，产业结构是一种资源转换器，因此产业结构组织能力的核心体现在经济资源通过一定的产业结构自动实现最优化配置的能力。因此，要突出产业结构的资源转换器核心功能，考察旅游产业发展对各种经济资源的有效利用程度，实现旅游资源在旅游产业间的合理配置和有效利用，充分有效地利用区域的人力、物力和财力。

其次，旅游产业结构的合理化不应仅停留在产业间比例关系协调、供需结构相适应等表面现象，更在于产业结构自动、快速地向经济资源得以最有效配置的最优化状态逼近的能力。因此，要研究经济资源如何在具有不同边际投资利润率的产业间自由流动，通过旅游产业结构的自组织能力，降低低效率旅游产业比重，提高高效率旅游产业比重，调整、改变产业间的生产能力配置，维护和提高产业间的关联程度及效果，不断提高产业结构的经济绩效，实现旅游产业协调发展。

具体说来，从旅游产业结构变动的过程和特征来看，旅游产业潜力的形成和提升是产业结构演进的一个重要内容和方向，这一般可表现为：一是各旅游产业的劳动生产率水平和利用资源的效率水平普遍提高；二是各旅游行业间关系变得日益"柔性"，产业结构通过较强的"自组织能力"提高高效率行业比重，调整、改变行业间的生产能力配置，使资本和劳动等要素的投入能够方便在不同行业间转换，不断提高旅游产业结构的经济绩效；三是结构关联度的提高，形成产业集群能力，通过节约交易费用、促进分工、降低信息成本、整合资源、知识技术溢出等途径产生显著的经济效益。

实际上，旅游产业潜力作为对效率的一种测量，可以通过投入产出比测定，也可以通过劳动生产效率来衡量。尤其是，作为一种劳动密集型的行业，随着旅游业的迅猛发展，旅游产业结构的演进和旅游就业结构的变化保持着相关性；专业化的知识和人力资本在具有不同劳动生产率旅游行业间的分配影响着旅游业发展的表现，并对促进旅游产业结构的高度化演进和旅游业发展具有极其重要的作用。

二、促进产业聚集

作为产业优化配置的一种表现，产业空间聚集已成为一种世界性的经济现象。

产业聚集（Industrial Clustering）是指相同产业高度集中于某个特定地区的一种产业成长现象。在实际的经济发展过程中，无论是发达国家还是发展中国家，具有竞争优势的产业大都集中在某些特定的地区，因此，产业聚集是潜力旅游产业形成的一条有效途径。

从动态演化角度来看，旅游产业聚集带来的外部经济不断自我积累和强化促使聚集效应不断增强，这一过程正是旅游产业潜力的积累过程，进而逐渐形成基于产业聚集的系统性的可持续发展能力，并表现为旅游产业的经济绩效和现实竞争力。不同地区旅游业竞争优势的基础在于各自产业内部的资源禀赋，而资源禀赋是否能转化成现实中的比较优势和竞争优势则要依赖于旅游产业发展和业务流程中的有效转化，即旅游产业潜力的动态积累和激发，具体包括对产业资源的获取能力、资源的配置能力和资源整合的能力。蔡宁等（2002）融合"基于资源的企业理论"（RBV）来解释产业聚集的竞争优势，认为特定的资源和能力是竞争优势的来源，聚集作为一种中间组织形式构成了新的竞争单位，其竞争优势来源于资源禀赋及集群对于资源的整合能力。可见，在旅游产业潜力通过内部互动性动力结构逐渐形成并转化为显性实力的过程中，旅游产业聚集无疑成为关键的载体，即在充分肯定资源价值的基础上，使相关聚集企业能有选择地获取和吸收集群内的资源以形成自身要素沉淀，并创造性地应用、整合到自身的产品和服务中去，优化组合和配置现有的资源并推向市场，形成自身独特竞争优势的能力。

随着旅游经济的发展，聚集所产生的外部效应已经成为引导旅游产业区域分布的重要因素，地方政府在制定区域经济发展战略时应充分考虑影响行业区域聚集的经济因素，因势利导，正确认识和高度重视旅游聚集发展问题，客观科学评估旅游聚集发展的条件、作用和影响，从本地实际出发，确定旅游聚集发展的方向、规模、时序、措施等问题；以市场为导向，以产业链和价值链为纽带，强化旅游各行业内在关联性，构建旅游产业聚集体系；合理制定旅游发展和旅游聚集发展规划，在旅游聚集发展机制上强调市场主导和政府推动的有机结合，优化我国旅游聚集发展环境，注重投资环境（尤其是制度环境）的创新，为旅游企业的聚集及聚集化发展提供良好的外部环境，发挥旅游产业聚集优势，提升区域旅游产业潜力，促进区域旅游经济的发展。

三、提升企业效率

首先，从企业微观角度挖掘旅游产业潜力产生的深层次源泉，培养和造就高素质的人才队伍，为培育、挖掘、发展和维护旅游产业潜力提供智力支持。打造具有核心竞争力的产品，提升企业经营效率，努力实现旅游企业由生产经营型向创新型转变，并通过建立创新机制，实现技术、管理、制度等方面的创新，形成旅游产业持久的潜力。

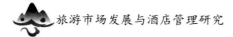

其次，识别出具有核心竞争力某些特征的核心要素，区别核心要素与非核心要素。在此基础上，把核心要素进行有机的结合，或进行核心要素的创新，并通过复合和融合两种基本方式实现不同要素之间的有机整合。

第三，建立学习型组织，通过有关知识的学习和分享，提升旅游企业的经营效率和资源利用效率，形成旅游产业内在潜力。一般而言，旅游企业需要学习的知识可分成两种类型：一种是显性的知识，这类知识可以通过各种媒体、标杆学习或者传授等方式获得；另一种是隐性的知识，是指那些不易交流和分享的知识，也就是所谓只可意会不可言传的知识，这类知识核心竞争力的构建往往更为重要。在学习过程中，组织学习可以在企业内部进行，也需要与其他旅游企业之间建立学习型战略联盟，通过这种联盟关系互相合作和互相学习，以加快学习的速度，扩展学习的内容。

第六章 旅游市场经济学理论与酒店业管理问题

第一节 城市旅游市场发展的理论基础

以城市旅游市场为研究对象，以发展影响因素、发展模式和经济效应为核心研究内容，因此研究中会涉及旅游经济学、产业经济学、发展经济学、城市经济学的相关理论，本书将首先对这些相关理论和概念做出梳理，以建立本书理论和实证研究的理论基础。

一、旅游经济学与旅游市场发展模式

厉新建、张辉（2002）在《旅游经济学》中给出旅游市场发展模式的定义，认为旅游市场模式是指"一个特定时期内一个国家或地区旅游市场发展的总体方式，它包括旅游市场发育和旅游市场演进两层内容。旅游市场发育模式是指旅游市场形成的方式，也就是在一个特定的社会经济环境下，旅游市场以什么样的方式形成、发育的问题；旅游市场演进模式则是指当旅游市场发育到一个特定阶段时，以什么样的方式促进旅游市场向高度化和现代化方向发展"。该书将旅游市场发展模式划分为三个类型，这一模式分类方法也是目前在旅游市场发展模式研究中最广泛使用和普遍接受的方法。

按旅游市场成长与国民经济发展的总体关系划分，旅游市场发展模式分为超前型和滞后型两种。超前型旅游市场发展模式是指旅游市场发展超前于国民经济的总体发展水平，通过发展旅游市场来带动相关产业和国民经济进一步发展的一种发展模式；滞后型旅游市场发展模式是旅游市场成长滞后于国民经济总体发展水平，即国民经济发展到一定阶段水平后，带

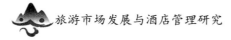

动旅游市场发展的一种发展模式。

按旅游市场成长的协调机制划分，旅游市场发展模式分为市场型和政府主导型两种。市场型旅游市场发展模式是以市场竞争为主要动力来推动旅游市场成长与演变的一种模式，在一定时期内政府不对旅游市场的成长施加任何直接影响，而完全由市场这只"看不见的手"自动调节旅游市场资源配置的过程，调节旅游市场的成长过程和变动趋势；政府主导型旅游市场发展模式是以政府规划或通过制定产业政策来干预旅游市场的成长与演进的一种模式。

从旅游市场成长的演进模式来划分，旅游市场发展模式分为延伸型和推进型两种。延伸型旅游市场发展模式是一种先以国内旅游为产业成长的基础，通过国内旅游市场发展向国际旅游市场延伸，最终形成两个产业的融合。推进型旅游市场是一种先以国际旅游为产业成长基础，通过国际旅游接待产业发展来推进国内旅游市场的成长，最终形成完整的旅游市场体系。

宁泽群（2005）则认为，从以上这种划分的内容来看它们的基本特点是大同小异的，最根本的差异就是政府主导下的运行模式与市场自发调节机制的运行模式。因此将我国旅游市场发展模式分为"旅游市场发展的经济增长驱动型模式"和"旅游市场发展的市场调节驱动型模式"两种模式。他认为经济增长驱动型模式发生在经济发展相对落后的国家或地区，其经济发展长期受控于政府，因而政府及相关的行政管理部门在旅游市场发展目标制定到执行过程中起到主持人的重要作用。同时，由于本国居民生活水平相对低下，国内旅游起步没有经济基础，所以旅游发展轨迹是按入境旅游到国内旅游到出境旅游的逻辑来发展的。这种旅游发展模式将给旅游目的地国家或地区带来巨大的经济利益，旅游市场更易受到国家的重视和发展，成为国家经济增长的主要产业。市场调节驱动型模式则主要发生在经济比较发达的国家或地区，其市场运行和调节机制都比较健全，因而更注重市场调节在旅游市场发展中的主导作用，政府及其相关管理机构只是承担发展方向指导、协调和监督作用。该模式不以追求经济快速增长为目标，而是在于满足本国居民（及国外旅游者）休闲与享受的消费需求，同时注重本国经济均衡发展的要求，以实现充分就业和缓解经济周期波动的负面影响。这些国家和地区的旅游发展按社会发展内在需求的演变而发生进化的，因而旅游发展轨迹按国内旅游到出境旅游，同时伴随国际入境旅游的不断发展。

二、产业经济学理论与旅游市场发展

（一）产业发展的内涵

产业发展是指一个产业产生、成长和进化过程，是产业总体的各个方面从不合理到合理、从不成熟到成熟、从不协调到协调、从低级到高级的动态演进过程。具体体现为一个产业整体规模从无到有并从小到大、产品或服务质量从低级到高级、产品或服务品种从少到多及升级换代、生产技术从低级到高级、产业结构优化与产业组织合理化等方面。

产业发展既有量上的发展，包括企业数目增加、投入规模扩大、产能提高等外延上的扩张；也有质上的发展，包括产品升级、技术创新、组织变革、结构优化等内涵上的提高。质上的发展通常表现为两个维度，从横向上看是同一时间上在产业内、产业间形成使资源最佳配置的产业结构合理化和高度化；从纵向上看是时间轴上产业通过技术进步、组织创新、管理创新提高生产效率以实现内生式发展。产业发展是一个动态优化的演进过程，如果一个产业仅在量上扩大规模，而没有在质上呈现出结构的高度化和合理化，则不能称之为产业发展。

1. 产业量上发展的主要表现

（1）产业产出规模的扩大，产业形成规模经济，产业分工也越来越专业化

克鲁格曼的规模经济理论认为不同国家在同一产业内部专业化分工生产不同的产品或不同环节形成规模经济优势，可以形成产业的不同竞争力。

杨小凯的内生分工理论认为"不同国家或地区通过长期专业化分工在某个产业、产品或者环节，通过不断积累经验、人才、资本和信息最终会形成竞争优势。"

对于旅游城市甚至本身并不具备某些先天旅游要素禀赋优势的城市而言，可通过旅游企业在产业内的专业化分工，生产不同的旅游产品（服务）或提供不同环节的旅游产品（服务），经过长期积累以形成城市整体旅游市场发展的外部规模经济，由此进一步带来城市旅游企业的内部规模经济，促进城市旅游市场群的规模集中，最终形成该城市的旅游市场发展优势。因此对于城市旅游市场发展的研究而言，可从发展规模、产业规模经济、专业化分工的角度对产业在量上的发展进行研究，通过不同城市旅游市场的规模经济和专业化分工程度来评价不同城市旅游市场量上的发展水平。如翁瑾（2008）用规模经济理论对我国入境旅游长期高度集中于传统旅游热点地区的现象进行了分析，认为入境旅游在传统旅游热点地区高度集聚是因为传统旅游热点地区凭借良好的旅游基础设施和接待设施、较高的知名度，为旅游市场发展形成外部规模经济创造了条件，使得这些传统旅游热点地区接待旅游者的固定成本如基础设施建设、接待设施建设、营销成本、资源保护费用相对较低，促使资源不断集中到这些传统旅游热点地区，并成为旅游发展增长极。

（2）企业规模不断扩大，追求经营规模扩大所带来的内部规模效益

产业内企业为扩大产能、扩大市场、拓展产品范围，通过兼并、重组、联合、战略同盟等方式的扩张，出现越来越多跨地区、跨行业的大型化、集团化企业，产业组织内的市场结构也随之改变，产业集中度不断提高。对于旅游企业，为获得内部规模经济和范围经济，采取集团化、规模化经营战略，将旅游市场内的"吃、住、行、游、购、娱"各行业整合起来，形成旅游集团公司规模化发展，旅游市场的产业集中度也不断提高。这也为本书提供了从产业内企业发展规模来评价不同城市旅游市场量上发展水平的微观角度。

2.产业质上发展的主要表现

（1）产业结构高度化

产业结构高度化是指在技术水平进步作用下，产业结构系统由较低级形式向较高级形式演变的过程，是产业总体发展水平不断提高的过程，也可称之为产业结构高级化或产业结构升级。

对于国民经济整体而言，产业结构高度化是国民经济中的产业部门遵循产业结构演化规律，使产业结构整体素质和效率向更高层次不断演进的趋势和过程，这个过程的表现形式和基本内容包括：

第一，三次产业结构的高度化。产业结构依次由第一产业占优势向第二产业占优势，进而向第三产业占优势演进。

第二，要素劳动力、资本的流向和集中的高度化。由劳动密集型产业占优势向资本密集型、技术密集型产业占优势演进。

第三，产业结构内部结构的高度化。由低附加值产业占优势向高附加值产业占优势演进。

影响产业结构高度化主要有需求牵引、技术创新和资本积累三方面因素，其中有效市场需求从低层次到高层次的增长为产业结构演进提供了外在条件；技术创新是产业结构演进的重要动力，提高了产业结构转换的技术能力；资本积累则为技术创新和扩大产业供给提供了必要的物质基础和启动资金。

产业结构高度化所遵循的以技术进步为标志，带动产业结构整体素质和效率向更高层次不断演进的演化规律，给本书旅游市场发展研究带来启示，即旅游市场发展同样适用于该演化规律，旅游市场结构高度化是旅游市场结构优化发展的重要方面。将旅游市场结构高度化视为在技术进步带动下，旅游市场结构不断向技术密集化、产出高附加值化的方向发展，是旅游市场技术构成不断提高，旅游生产要素的综合利用率不断提升，产业

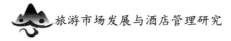

经济效益不断提高的动态过程,可从以下几方面考察旅游市场结构高度化:

第一,旅游技术结构高度化。科技进步在旅游市场发展中的作用显著提高,新兴技术、高科技技术在旅游市场中的应用范围不断扩大。旅游市场内各行业之间的经济技术联系也更为紧密,产业分工进一步深化,各行业之间的关联度进一步提升。

第二,旅游收入结构高度化。指在旅游市场总产出中,餐饮、住宿、交通、游览等基本层次行业产出比重不断下降,娱乐、购物等需求收入弹性高、附加值高的高层次行业产出比重不断上升,并带动旅游市场整体产出迅速增加。

第三,旅游就业结构高度化。在旅游市场就业人数构成中,技术工人和脑力劳动者的比重不断提高,使旅游业的就业综合效应有较大幅度的提高。

（2）产业结构合理化

产业结构合理化是指产业与产业之间协调能力加强和关联水平提高的动态过程。在产业结构合理化过程中产业间存在比较协调的关系、产业间关联度和关联效益较高、产业间处于有利于产业发挥整体效应的相对均衡状态。产业结构合理化的基本内容包括:

第一,各产业间地位协调。各产业由于其在经济中的地位和作用不同,在产业结构中有明显的层次性和等级性,各产业主次分明、轻重有序。

第二,各产业间关联关系协调。一个产业的发展能通过产业关联有效地促进其他产业的健康发展,而不是削弱、影响甚至牺牲其他产业的发展。第三,各产业间的生产效率协调。各产业间的生产效率差距适度,不存在技术断层,不会给社会再生产过程带来结构性滞后和技术衔接问题。第四,产业结构社会需求相协调。产业结构具有很强的应变能力和适应能力,产业结构的协调性能使社会供给在数量上和结构上很好地适应社会需求的变化。

产业结构合理化同样是旅游市场发展的重要研究内容，本书将旅游市场视为一个综合型产业，是由与旅游核心产业和直接相关产业、部门共同构成的产业群，因此在研究旅游市场合理化时不仅包括了旅游市场与其他产业间的协调发展，更包括了旅游市场内各行业之间的协调发展。将旅游市场结构合理化视为旅游市场与其他产业之间、旅游市场内各行业之间保持符合产业发展规律和内在协调比例关系，以实现整个旅游市场的持续稳定协调发展的演进过程。具体而言，包括以下几个方面的内容：

第一，旅游市场内部构成的合理化。从静态的角度分析旅游市场各行业之间的构成比例关系，各行业之间是否形成有序的主、次排列和分明的轻、重层次；各行业是否能够相互配合、相互服务和相互促进；生产要素在各行业之间的投入比例是否相互合理和相互协调；产业内各行业的发展速度和规模是否与旅游消费市场的消费需求与结构相适应；旅游市场整体生产能力是否能得到相应提高。

第二，旅游市场发展规模和速度的合理化。从动态的角度分析旅游市场结构的内部合理化和外部合理化。内部合理化指旅游市场内部各行业的增长规模与速度应相互协调、相互平衡，从而避免产业内部各行业间差距过大而造成产业结构失衡。外部合理化指旅游市场的发展是否与国民经济其他产业发展相适应。

第三，旅游市场结构动态演变的合理化。旅游市场结构始终处于动态演变的进程中，平衡是一定时期内的相对状态，而动态演变则是旅游市场发展的绝对状态，因此应分析在旅游市场结构的动态演变进程中，产业内的各行业之间是否相适应、协调，尤其是从长期上看旅游市场结构的合理化是否与国民经济总体产业结构合理化进程相适应、协调。

（3）产业结构优化

产业结构优化是产业结构合理化和产业结构高度化的有机结合过程。产业结构合理化是高度化的基础，只有产业结构合理化使得结构效益不断提高，才能推动产业结构向高度化发展。产业结构高度化是合理化的目标，推进产业结构在更高层次上实现合理化。旅游市场结构的合理化和高度化在旅游市场发展过程中是相互作用、相互渗透的。在一定发展时期内，如果旅游市场结构性矛盾突出，存在产业结构不合理的情况，就需合理化调整旅游市场结构，以缓解旅游市场结构性矛盾，确保旅游市场内各行业的协调发展。如果旅游市场结构基本合理化，但旅游市场的需求结构发生较大变动，则在合理化基础上需进一步推动产业结构高度化，充分发挥旅游市场结构内各行业间的联动功能，以提升旅游市场结构的市场适应能力。

（二）产业生命周期理论

产业生命周期描述了产业发展的一般演变过程，分为形成期、成长期、成熟期和衰退期（或蜕变期）四个阶段。

成熟阶段又可以分为成熟前期和成熟后期。在成熟前期，几乎所有的产业都呈现出类似 S 型的生长曲线，而在成熟后期一般分为两种类型：第一种类型是产业发展成为稳定型产业，长期处于产业成熟阶段；第二种类型是产业成为衰退产业，迅速进入产业衰退阶段。

产业生命周期所处阶段的识别一般有三个角度：一、产业产出的变动，可以通过产值增长率、销售收入增长率等指标来衡量。二、产业投入的变动，可以通过投资规模增长率、固定资产增长率、就业规模等指标来衡量，三、产业投入与产出的变动，可以通过资产报酬率、销售利润率等指标来衡量。判断产业生命周期的方法主要有：拟合曲线分析法、计算判断法和经验比较法等。

产业生命周期是一个产业发展的重要外部环境因素，产业生命周期不同阶段的发展速度、特点会对整个产业的发展方向、发展规模和经济效益产生影响。不同阶段产业发展会呈现出不同的特征和阶段表现，其产业的组织结构、产业内企业的行为决策和绩效、面临的市场需求等因素的发展程度都不同，由此产业发展所带来的经济效应也不同。因此产业所处生命周期的位置和各种因素的发展程度是考察一个产业发展水平及其所产生经济效应的现实基准。本书研究城市旅游市场发展，首先应判别城市旅游市场处于产业生命周期的哪个阶段，进一步根据发展水平在不同阶段的表现进行特征分析，然后深度考察在不同阶段上影响旅游市场发展的因素变化，为识别城市旅游市场发展模式和归纳发展特点和路径做好铺垫。

（三）产业发展的影响因素

分析和测度不同城市旅游市场发展的影响因素是本书研究的重要部分，通过影响因素分析，有助于判断城市旅游市场发展的变化趋势和发现城市旅游市场发展的内在原因。目前用于旅游市场发展影响因素的分析理论和框架主要有：

1. 基于 SCP 范式的产业组织理论

SCP 范式是以梅森（Mason）和贝恩（Bain）为代表的哈佛学派建立的用实证分析产业组织的工具，它把产业分解为特定的市场，构造了一个分析市场绩效的研究框架，它由市场结构、市场行为和市场绩效三个基本部分和政府公共政策组成，按市场结构（structure）—市场行为（conduct）—市场绩效（performance）—公共政策的顺序展开产业分析，即 SCP 分析范式。该理论框架认为市场结构、市场行为和市场绩效之间存在因果关系，市场结构决定市场行为，市场行为又决定市场经济绩效。因此要获得理想的产业绩效，关键就是通过制定合理的公共产业政策来调整和改善不合理的市场产业结构。该范式也被中外学者运用于旅游市场组织的分析，M.Theasine 和 MikeStab（1997）认为旅游市场作为一个独立经济产业，具有综合性强、关联度高、需求弹性大等不同于一般传统产业的特点，所以对传统的 SCP 范式进行了修正用以分析旅游市场组织问题。他们认为旅游市场结构是旅游企业间及旅游企业与游客间关系的特征和形式，旅游企业的规模、数量、市场集中度、进入门槛、产品差别度等因素构成了旅游市场的竞争与垄断关系。旅游市场行为是旅游企业在市场上为了获得更多的利润和更高的市场占有率所采取的战略性行为包括价格行为、营销行为等。市场绩效则是旅游市场市场运行效率，包括了消费者满意度、效率、利润。通过对旅游市场结构、行为、绩效三方面的分析最终给出合理的旅游市场制度安排建议。

国内学者也将 SCP 范式运用于旅游市场和具体旅游行业的分析。如唐留雄等（2002）用 SCP 框架从市场结构、行为和绩效的具体要素分析了上海旅游市场的发展状况；张永民等（2007）用该范式分析了我国旅行社业，得出产品差异性和市场集中度是旅行社业市场结构的最关键影响因素，价格恶性竞争程度是旅行社业市场行为的最大影响因素的结论；魏洁文（2008）则基于该范式分析出浙江省酒店业规模过大，供给结构过剩导致了酒店业恶性价格竞争行为，最终影响了酒店业的经济绩效。

SCP 范式为本书提供了一个从旅游企业这一微观层面出发，通过分析旅游企业市场结构、市场行为等方面因素来分析产业发展和发展绩效的研究视角，应在城市旅游市场发展影响因子中获得体现，包括产业内企业规模、反映企业之间垄断与竞争程度的产业集中度、企业生产效率等等。

2. 比较优势理论

古典经济学家亚当·斯密（1776）在其《国民财富的性质和原因的研究》一书中首次提出绝对优势理论，该理论认为各国应专业化生产并出口各自拥有绝对优势的产品，然后各国按照各自的有利条件进行分工和交换，这可以最有效地利用各国的劳动、资本和资源，极大地提高各个国家的劳动生产率和增加国家财富。之后的 1817 年，大卫·李嘉图发展了绝对优势理论，提出了比较优势理论。他认为不应以绝对优势的大小作为开展国际分工与贸易的原则，两个国家应依据比较成本，通过分工专业化生产和出口其具有比较优势的商品，进口处于比较劣势的商品来开展国际分工与贸易。随后 20 世纪 30 年代瑞典学者赫克歇尔和俄林提出了新的比较优势理论——要素禀赋理论（H-O 理论）。该理论认为，一个国家应出口其相对富足的要素密集生产的那些物品，而进口该国相对稀缺的要素密集生产的那些物品，该理论强调了不同国家在生产要素禀赋上的相对差异性直接导致了国家之间产业竞争力的强弱。

对于城市旅游市场的发展而言，城市旅游资源的等级、品牌、独特程度决定了对游客产生吸引力的大小和客源市场的大小，决定了城市将旅游优势转化为产业经济优势的物质基础，如 Priskin（2001）构建了对旅游资源进行定性和定量评价的框架，对澳大利亚西部海滨地区旅游资源的吸引力、可进入性、旅游设施、环境质量 4 个方面进行了评价；Gunn（1993）评价了自然资源和文化资源两类旅游资源对旅游市场发展的影响；杨勇（2008）分析了我国各省旅游市场发展和旅游资源的相关数据，得出旅游资源促进我国旅游业发展的结论。比较优势理论给本书分析旅游市场影响因素的启示是，城市旅游市场的发展也应以其具有比较优势的旅游资源和可能转化为旅游资源的城市资源为基础和核心内容，但该理论在城市旅游市场的成长阶段初期也就是注重规模、量上的粗放型发展阶段其作用比较明显，但当城市旅游市场进入到成长阶段后期注重质上的集约型、可持续性发展阶段时，该理论就显得有很大的局限性。需要更宏观、更高层次的理论来指导，迈克尔·波特的竞争优势理论提供了一种更新、更全面的思路。

3. 竞争优势理论

竞争优势理论主要解释企业和产业国际竞争力的来源，其代表人物迈克尔·波特是首位从产业层面来研究国家竞争力的学者，他认为国家竞争力水平不仅与宏观经济有关，其内部微观经济也有着极为重要的作用，并认为生产要素、需求条件、企业战略、结构和竞争和相关及支持产业是对国家竞争力影响最大的四个因素，此外还有两个因素政府和机遇也会对国家竞争力有较大影响。

波特的竞争优势理论和"钻石模型"对本书城市旅游市场的影响因素研究有很大的参考价值和借鉴意义。根据"钻石模型"城市旅游市场发展取决于以下四个基本因素：第一，生产要素条件。既包括了一个城市的天然旅游资源，也包括一个城市的人文旅游资源。竞争优势理论将前者天然的要素禀赋称为初级要素，将后者人文资源、可潜在转化的要素禀赋称为高级要素，并更强调后者的竞争优势，这就要求城市在进行旅游资源开发时在注重初级要素比较优势的前提下更加重视对城市旅游吸引物的挖掘与创新。第二，需求条件。既包括国外旅游需求因素，也包括国内旅游需求因素。第三，旅游相关产业和支持产业。这些产业可根据本书的旅游市场研究范围即旅游核心产业和特征产业来界定，包括食、住、行、游、购、娱等核心行业和批发零售业、邮电通讯业、金融业等相关行业。第四，旅游企业战略、结构和竞争程度。包括了旅游企业的市场结构、垄断与竞争程度、组织管理方式、企业创新等。这四大方面的影响因素彼此作用，形成一个城市旅游市场运行的动态系统。此外，还有政府和机会两大因素，机会是很难测度和控制的，但政府产业政策的影响和支持在产业发展过程中是不容忽视的。因此，这五方面因素应在城市旅游市场发展分析框架中给予体现。

Crouch 和 Ritchie 1999 年以波特的钻石模型为分析框架，提出了旅游目的地可持续竞争力 "C-R" 模型，认为旅游市场的可持续发展受到微观竞争环境和宏观经济环境、社会环境的共同影响和作用，该模型把影响旅游目的地旅游市场发展竞争力的因素分为核心旅游资源与吸引物、旅游支持因素与资源、旅游质量决定因素和旅游管理四大类，且每类因素下又细分为多个子因素，各类因素彼此相互作用，构成一个复杂的产业系统。但该模型中主观因素比较多，难以将其定量化，在应用中有一定缺陷。

4. 供需分析理论

产业经济学中对产业发展的影响因素一般从供给和需求两方面进行分析：

（1）供给因素对产业发展的影响

①自然条件和资源禀赋

自然条件和资源禀赋对产业发展有重要的影响。自然条件和资源禀赋是产业产生的物质条件，一个产业的资源禀赋充裕，那么产业发展就有绝对优势。如果资源禀赋贫乏，就会对产业发展形成资源约束，使产业缺乏发展的前进动力。但资源禀赋对产业发展的影响是相对的、有限的，可以借助科技进步和贸易来克服资源匮乏的弱点。

②劳动力因素

劳动力是产业生命周期中形成期、成长期、衰退期能否蜕变的关键影响因素。劳动力数量、素质和价格影响了产业发展速度和质量。从国内外产业发展的历史实践来看，缺乏资金但劳动力数量丰富、劳动成本低廉的国家一般优先选择发展劳动密集型产业；资金充裕但劳动力不足的国家一般优先发展资本密集型产业。劳动力的多寡和素质高低将在一定程度上决定一个国家的产业发展战略和产业结构调整方向。

③技术进步

科技进步是产业发展的根本动力，生产技术的进步与革新将引起产业结构的变动。科学技术的进步和革新将通过主导产业的扩散效应推动相关产业部门的高度化，并将拓宽产业劳动对象，不断细化产业部门，促进新兴产业部门的产生，还会引发人们产生更多的新需求，而这些新需求将是新兴产业部门发展壮大的强大市场推动力。

④资金因素

资金则是产业发展和扩张的重要物质条件，资金对产业结构的影响既包括资金总量方面对产业结构变动的影响，也包括资金投资结构对产业结构变动的影响。资金总量规模、充裕程度、价格水平将直接影响产业的形成和发展，投资结构将决定资金在不同产业部门间的配置与再配置，进一步对产业结构的形成和变化产生影响。

（2）需求因素对产业发展的影响

①消费需求

消费需求变化既包括需求总量的增长，也包括需求结构的变化。需求总量与结构变化都会引起相应产业部门的扩张或缩小，也会引起新产业部门的产生和旧产业部门的衰落。从总量角度来看，市场消费需求总量越大，则该产业生命周期越长。从结构角度来看，需求结构将直接影响产业结构的变化，需求结构变化引起供给结构相应变化，从而产业结构也随着相应变化。

②投资需求

投资是影响产业结构的重要因素，形成的投资配置比例为投资结构。不同产业方向的投资将改变已有的产业结构：第一，对创造新需求的投资将促进新产业形成而改变原有产业结构；第二，对原有部分产业投资，则将推动这部分产业比未获投资产业以更快的速度发展而改变原有产业结构；第三，按不同投资比例对全部产业投资，将形成产业间不同的发展水平，从而引起产业结构的相应改变。政府往往采用一定的投资政策，通过调整投资结构，来达到产业结构调整的目标。

③国际因素

国际因素包括国际贸易、国际投资和跨国公司技术等因素，是影响一国产业结构发展的重要因素。国际贸易是资源、劳务、技术、产品等在国家与国家之间的交换，当国际市场对一国具有比较优势的产品形成较大的需求，那么就会影响到该国的出口结构变化，进而引起劳动、资本、技术在该国产业体系内的重新配置，影响一国产业结构的变动。国际投资通过影响、改变国内的投资结构来影响国内产业的发展和产业结构的变动。跨国公司的技术进步会在国内产生技术溢出效应，促进东道国技术水平的提高，并通过产业关联效应使得大批相关配套企业得到迅速发展，资源在产业间优化配置，产业结构趋向高级化。

（四）产业可持续发展理论

产业的可持续发展指产业总体状况与人口、资源、环境相互协调，长期持续不断地发展。该理论强调经济活动的生态合理性，认为对资源、环境有利的经济活动应给予鼓励，不利的经济活动则应予摒弃。它不再单一地用国民生产总值作为衡量发展的唯一指标，而是用社会、经济、文化、环境等多个指标来综合衡量发展。在"90 全球可持续发展大会"上旅游组织行动策划委员会通过的《旅游可持续发展行动战略》文件认为"旅游的可持续发展是在保持和增强未来发展机会的同时满足游客和旅游地居民的需要。"其主要有五个目标：

一是增进人们对旅游所产生的环境效应与经济效应的理解，强化生态意识；二是促进旅游公平发展；三是改善旅游接待地居民生活质量；四是向旅游者提供高质量的旅游经历；五是保护旅游未来开发的生存环境质量。之后世界旅游组织的《旅游业可持续发展——地方旅游规划指南》（1993）和《可持续旅游发展宪章》《可持续旅游发展行动计划》（1995）等文件都阐述了旅游发展必须建立在生态环境的承载能力之上，旅游可持续发展的实质就是要求旅游与自然、文化和人类生存环境成为一个整体的核心思想。

产业可持续发展理论与当前我国大力践行的科学发展观，推进生态文明、建设美丽中国是紧密切合的。因此给本书的启示是在评价城市旅游市场发展效应时，应体现出可持续旅游发展的思想，评价城市旅游市场与城市经济、社会、生态的协调发展状况，以经济效益、社会效益、生态效益的实现为旅游市场发展的综合目标。

三、城市经济学理论与城市旅游市场发展

（一）城市化理论与城市旅游化

传统的城市化理论认为城市化是社会经济发展的必然结果，是指农村人口向城市聚集、城市规模扩大并由此引起的社会经济结构变化的过程，其实质是在经济、社会和空间结构三方面的变迁过程。在经济结构方面，是农业活动向非农业活动的转化和城市经济结构的优化，第二产业和第三产业在城市集中和扩大的过程；在空间结构方面，是各种生产要素、产业生产活动、交换活动、消费活动向城市地区聚集以及聚集后的再分散过程；在社会结构方面，城市化是农村人口向城市转移集中，科学、文化、娱乐、教育等设施建设极大丰富城市居民的精神生活，城市生活方式的深化和扩大的过程。

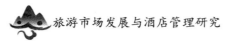

城市化发展呈现阶段性演进规律。在初级阶段，农业在经济结构中比重较大，农业劳动力占总劳动力比重也较大，农业劳动生产率低，加工业发展缓慢，工业化处在初期阶段，城市化发展缓慢。在中期阶段，随着农业生产率提高有大量农业剩余劳动力离开农村进入城市的第二、三产业就业，人口和经济活动迅速向城市集聚，非农经济活动增加，第一产业比重下降，第二、三产业比重上升，工业以生产劳动密集型产品为主，工业化进入起飞阶段，促使城市化进入高速成长期。在后期阶段，城市化达到较高水平，工业由劳动密集型过渡到资本密集型、技术密集型，对劳动力的需求进一步减少，工业中部分劳动力开始向第三产业转移，第三产业比重上升。农业基本实现现代化，农业剩余劳动力转移大致完成，农村向城市迁移人口大幅度下降，没有更多的劳动力可以进入城市，城市化逐渐进入缓慢发展和注重提升城市质量的阶段。从城市化演进阶段规律来看，在城市化的初级和中期阶段，城市的专业化部门以第一产业、第二产业的生产性部门为主，以工业化作为城市化的主要推动力量。而在城市化的中后期阶段，城市的第三产业比重不断上升，城市的专业化部门以非生产性部门为主。特别是进入工业化后期和后工业化时期，经济以服务性经济为主，第三产业取代第二产业成为城市化的主要推动力量。在这过程中，旅游市场作为第三产业的重要组成部分也成为促进城市化发展的重要动力，旅游城市化这一现象也逐渐凸现。

旅游城市化（tourism urbanization）最先由 Patrick Mullins 提出他认为旅游城市化是 20 世纪后期在西方发达国家出现的建立在享乐的销售与消费基础上的城市化模式。其实质是旅游市场的发展带动人口、资本和物质等生产力要素向旅游依托地区积聚和扩散，从而带动城市地域的不断推进和延伸的过程（黄震方，2000），在这一过程中旅游向城市集中、城市的旅游功能日益增强、城市旅游规模不断扩大，城市从旅游客源地向旅游客源地和旅游目的地的综合体转化（朱站，2006），城市功能获得不断提升以满足人们由传统的日常型消费向现代享乐型消费转移的需求（陆林，2005）。

从我国旅游城市化的发展实践来看，旅游市场发展已成为城市化的重要动力，在城市化不同阶段发挥作用。在城市化的初级阶段，旅游市场发展作为城市形成的原动力，使得专门旅游城市从无到有、从小到大。在城市化的中后期阶段，城市在转型过程中以现代服务业为推进器，而旅游市场在不同的城市被定位为现代服务业的主导产业或支柱产业，在城市化进程中改变了城市的产业结构，促进了城市的经济转型和功能多元化。因此，应运用城市化相关理论在旅游城市化的背景下，分析研究城市旅游市场发展带给城市的经济效益和就业效应，重视旅游市场在城市产业结构调整、就业结构调整和第一、二产业要素资源在旅游市场的再分配及其带给现代服务业的集聚经济效应作用上。

（二）城市集聚经济理论

集聚经济是城市经济学重点研究内容，也是城市经济学的核心理论，它认为城市作为人口和经济活动的综合聚集体，其发展和演变在本质上是产业集聚推动的结果。集聚形成的规模报酬递增和外部经济造成了产业规模的不断扩大和结构升级，由此带动城市经济不断发展。

新古典区位理论的代表人物德国经济学家韦伯是第一个提出"集聚力"概念的经济学家，他在《工业区位论—区位的纯理论》中引入了运输、劳动力、集聚力三个区位因子来确定工业生产的最佳区位，他认为集聚可带来规模经济效益和外部经济效益，企业集聚能给各企业带来更多的利益和节约更多的成本，企业将根据集聚所得利益与迁移追加的运输、劳动成本的大小比较来确定工业合理区位。但新古典区位理论只从资源禀赋的角度考虑资源型产业的集聚，不具有一般性。之后新经济地理学理论的代表人物美国经济学家保罗·克鲁格曼将空间维度纳入主流经济学，认为集聚是企业的规模报酬递增、运输成本和生产要素移动通过市场传导的相互作用而产生的。新经济地理学的规模报酬指经济上相互联系的产业和经济活动，由于空间位置上的相互接近性而带来的成本节约。该理论认为是密切的经济联系导致集聚而非要素禀赋区位比较优势导致的集聚，规模报酬递增为产业群的形成提供理论基础。新产业区理论的代表人物马歇尔提出产业区

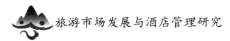

概念，产业区内的中小企业形成高度柔性化和弹性专精的企业网络，主要表现在两方面，一方面产业区内企业高度专业化，核心业务突出；另一方面企业区内企业长期维持相互联系和协作的关系。产业集聚更强调知识、技术等要素在柔性集聚中的重新组合和创新，强调本地知识、技术要素的集中和要素市场的形成，认为通过产业柔性集聚形成的产业区创新功能更强，可有效提升城市的竞争力。在城市旅游市场发展过程中，旅游市场聚集现象已成为一个客观存在并呈不断上升态势的现象。城市集聚经济理论围绕产业集聚推动城市经济发展的研究给本书研究城市旅游市场发展提供了一个新视角，即研究旅游市场集聚及其与旅游市场发展之间、与城市经济发展之间的关系。一方面，旅游市场的发展需要依托城市发展，需要城市资源、要素、人口的集聚，由于旅游市场提供旅游产品的非存储性及生产消费同时性的特点，只有生产要素和人口规模聚集相当规模，才能形成对旅游产品和服务的强大市场需求，城市本身已然成了旅游市场发展的重要因素。另一方面，旅游市场和资源、要素、人口等在城市内不断集聚，旅游市场聚集的程度和速度将决定旅游市场的发展水平与城市经济发展耦合的高低，并对城市产业结构调整和城市第三产业发展产生影响。

四、系统理论与城市旅游市场发展

系统理论将研究对象视为一个整体体系，以整体观看系统整体和组成系统的各要素之间的关系。将系统理论运用于本书旅游市场发展研究，可将旅游市场视为一个系统，从整体出发研究旅游市场系统和组成系统各要素之间的关系，从而把握旅游市场发展的整体。并用系统的方法对各种影响旅游市场发展的因素进行归纳、分类，在此基础上构建城市旅游市场的分析框架和评价指标体系。任何一个系统都须具备三个要素，即系统的组成部件、系统的环境、系统的输入和输出。系统论基本思想就是通过分析系统的结构和功能来研究系统、要素、环境三者之间的相互关系及变动规律性。对于本书所研究的城市旅游市场而言，旅游市场系统是整个城市经济系统的子系统，是城市经济系统内投入产出链上的一环，离不开城市经济发展的大环境。因此旅游市场的输入是城市的要素供应者，包括劳动力、资金、技术、创新、资源、投资和政策的供应者，输出则由满足旅游消费需求的旅游产品和服务、旅游市场利润、对城市的经济影响构成。旅游市场系统的环境具有层次性，可以从宏观和微观两个层次来分析。宏观层次是指将旅游市场发展系统放在城市系统的背景下去考察，研究旅游市场发展与城市之间的关系。微观层次则是指在旅游市场系统内部进行层次细分，将其分为若干子系统，考察系统内部各子系统、各要素之间的关系。旅游市场系统组成要素根据不同的方法可以细分成不同的子系统，现有研究中旅游市场系统已有的划分有：按相关行业部门受旅游市场影响程度分为旅游直接影响、间接影响和引致影响行业三个子系统；按与旅行者的关系角度分为旅游服务系统、旅游服务后援系统、旅游保障系统、旅游调控系统、旅游资源系统和旅游客源系统；按旅游六要素分为食、住、行、游、娱、购六大系统。系统理论为本书提供了一个从整体出发研究旅游市场系统和组成系统各要素之间关系的视角。

上述理论涉及城市旅游市场发展的论述、旅游市场发展影响因素的阐释、旅游市场发展与城市发展之间关系的探讨，涉及旅游经济学、产业经济学、发展经济学、城市经济学等多个学科领域，从不同角度和方面为本书城市旅游市场发展研究提供理论依据与参考，为下文构建城市旅游市场分析框架和展开实证分析打下理论基础。

第二节 国内外旅游市场及产业集群综述

城市旅游市场经过了改革开放三十多年来的发展，在产业定位、发展模式、运行方式、产业内和产业间的组织结构、产品形态等方面都发生了改变和调整，因此城市旅游市场发展研究是一个很大、很复杂的命题，本书要构架出一个较为完整、系统的城市旅游市场分析框架，就需要对国内外学者关于城市旅游市场发展研究内容进行全面的梳理和归纳，以为本书确立研究切入点、选择研究路径和构建理论框架做好理论铺垫。国内外学

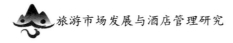

者对城市旅游市场发展的研究主要分以下几方面：

一、产业性质、定位和发展模式

国内外学者在城市旅游市场形成初期，集中围绕城市旅游市场的产业性质、产业定位和发展模式展开定性研究。从 20 世纪 60 年代起，西方经济发达城市作为旅游门户，其入境旅游获得了飞速发展，国外学者开始逐渐认识到城市旅游市场的重要性，由此展开了对城市旅游市场影响力和重要性的集中定性研究。Stanfield（1964）在研究中发现了发展旅游业带来的城乡不平衡，最先认识和提出了城市旅游业的重要性。之后学者开始关注旅游业对城市的重要性和影响，Geoffrey（1983）论述了城市旅游业 对社会转型的影响。Ashworth（1990，1992）首先对历史遗迹型城市发展旅游业进行了研究，之后提出城市本就是一个旅游目的地，不再仅是经济、文化、政治中心，也是旅游中心，旅游业在城市发展中有重要作用。Mullins（1991）提出了城市旅游化是建立在享乐的销售与消费基础上的一种新的城市化类型，这一概念的提出使人们对城市如何通过发展旅游来带动发展有了新理解和新认识。在这阶段中最早从产业发展演进角度来研究城市旅游市场的是加拿大学者 Bulter（1985），他在其 1980 年提出的旅游地生命周期理论的基础上分析了 18 世纪到 19 世纪苏格兰高地旅游业的发展过程，总结分析了当地旅游业在不同发展阶段呈现出的特点， 提出旅游市场可以通过划分清晰而又重叠的发展阶段来进行分析，并探讨了当时的社会、经济和技术对旅游业发展的影响。

而在我国，学者们对旅游市场的性质和定位研究是紧密结合我国旅游业的发展实践背景的。在我国由于政治、经济、社会等多方面的原因，旅游业在新中国成立最初并没有作为一个产业而是作为外事接待事业而存在发展，是我国外事活动的组成部分并不具备真正意义上的产业经济功能。直至 1978 年改革开放后，我国旅游业开始从政治接待事业向经济经营事业转化，旅游业开始进入形成期，向真正意义上的产业发展迈进。因此从 20

世纪 80 年代起我国学者对旅游市场的研究才开始起步，但上世纪 80 年代的旅游业研究较多集中在对西方发达国家或城市旅游业发展的经验介绍（朱祥忠，1980；许风歧，1980；吴志宏，1980；黄惠莲，1983；张佐华，1986），强调突出西方国家或城市旅游业发展对国民经济的重要影响，为我国旅游业经济地位的确立做了理论指引和铺垫。之后国务院首次将旅游业发展纳入了我国国民经济发展的"七五"计划，旅游市场地位正式确立，我国学者的研究重点转向了对旅游业性质和在国民经济发展中定位的探讨。最为代表性的是李废（1989）对我国旅游业的作用和产业性质的分析，他认为旅游业应依托已有的产业资源和产业基础发挥四大作用，即发展入境旅游创汇、发展国内旅游改善居民消费结构、发展旅游外向型经济吸纳农村剩余劳动力、成为地区支柱产业繁荣地区经济。并判断在旅游市场初始阶段，旅游业是经济文化事业，更强调旅游业的直接、间接经济效应对牢固旅游业产业地位有很大重要性。同时预见当旅游市场不断壮大成熟后将成为满足人民更高层次精神文化需求、在国家社会多方面大有作为的经济文化事业，并关注到了旅游业对交通运输、道路通讯、建筑装修、食品供应、文化园林相关产业的带动性，认为旅游业的关联性将促进我国经济发展形成巨大的潜力。可以说他关于旅游业发展的观点在当时的旅游市场性质和地位研究中是很具有前瞻性的。

在上世纪 80 年代旅游业的经济功能得到明确，奠定了旅游市场的发展基础，90 年代起我国改革开放不断深入，我国旅游市场逐渐从传统计划经济体制中脱离出来，进入蓬勃成长阶段。这一阶段我国学者开始对旅游市场地位和发展模式展开进一步的研究。张辉（1995）指出继续将旅游业定性为事业性质在理论上是混乱的，旅游业已作为一个新兴产业在经济发展中发挥重要作用，并提出我国旅游市场应选择超前型发展模式和国际旅游推进国内旅游发展的运行方式。王大悟、魏小安（1998）就我国旅游市场发展采取政府主导型的协调运行机制展开论述，认为政府主导型旅游发展模式是在以市场为基础配置资源的前提下，由政府组织、协调各种社会主体共同加快旅游市场发展速度的模式。但随着我国旅游业快速发展的同时，政府主导型发展模式的弊病也逐渐显现，章尚正（2002）分析了政府主导型发展模式造成了旅游市场条块分割、资源配置效率低、企业缺乏自主经营权、产业内结构性矛盾突出等问题，提出政府主导型发展模式的依存条件已改变，应转化政府主导模式为市场主导型模式，认为政府只能顺应市场规律"推动"，而非"主导"旅游业发展。张建梅（2003）分析了现阶段实施政府主导型发展模式的依据，但同时指出了该模式带来的负面影响，提出市场主导模式是未来发展旅游业的必然选择。王起静（2005）杜长辉（2006）则认为政府和市场在旅游市场发展过程中应相互配合，在充分发挥市场机制作用的基础上，实行积极有限的政府职能，结合模式可以更好地促进旅游市场的发展。马春野（2011）提出在旅游市场发展过程中应充分发挥环境的调节作用，尊重旅游市场系统自组织演化规律，使旅游市场系统在协同动力机制作用下，以自组织方式演化的旅游市场发展模式来取代现有的政府主导型发展模式。

在国家旅游市场发展模式确立的背景下，国家将旅游业作为大力发展的第三产业中的重点产业，旅游业发展由从海外市场拉动转化为内外市场共同拉动，我国国内旅游业迅速崛起，旅游业在地方经济发展中地位大大提高。国家旅游局为进一步提高国内城市的旅游综合接待能力和服务水平，促进旅游业健康持续发展，从 1998 年起开展了我国优秀旅游城市的评选活动，该活动极大地推动了城市旅游市场的发展，旅游市场在城市经济中的地位不断提高。从那时起到本世纪初我国学者开始注重对城市旅游市场发展地位、作用、发展模式以及旅游市场与城市发展关系的探讨。张凌云（2000）提出旅游资源优势、旅游市场优势和旅游经济优势代表了一个地区旅游资源价值运动的不同阶段，旅游资源优势是条件，旅游经济优势是目标，而旅游市场优势就是从旅游资源优势到旅游经济优势的桥梁，不同地区由于区位条件和优势组合不同，其旅游市场地位和经济作用应因地而异，强调了旅游市场地位在不同地区的层次性。并以 18 个城市为研究对象，分析这些城市旅游收入占 GDP 的比重，以 5% 和 20% 为界将旅游市场在城市经济发展中的地位认定为支柱产业和主导产业，探讨了不同定位层次上旅游市场的作用。彭华等（1999）探讨了旅游业发展与城市发展之间的关系，提出旅游开发与城市建设一体化，将旅游视作为现代城市的一项基本职能，从城市社会经济整体发展的高度考虑旅游发展的要求，将旅游开发融于城市整体建设中。郭为等（2008）根据城市在旅游业发展中扮演角色的转变，将城市旅游发展分为三个阶段，即单一的旅游目的地阶段，旅游目的地和旅游流节点的二元化阶段，旅游目的地、客源地、旅游流节点的一体化阶段。魏小安（2001）分析了旅游市场在旅游城市发展中的作用，并提出两种城市旅游市场发展模式：一是通过景区开发和发展拉动城市旅游业发展，二是注意培养城市本身，将城市作为旅游目的地发展而不仅仅是旅游业的发展，并认为后一模式是城市旅游业发展的长远模式。

郭舒（2002）构建了城市旅游业发展模式的三维选择框架，以城市旅游空间、旅游者行为、旅游业行为三维要素为判断依据，从空间维度、需求维度、供给维度来决定城市旅游业的发展模式。学者们也以旅游市场较为发达的具体城市为例对城市旅游市场发展模式进行了探讨，彭华（1994）以汕头市为例，具体探讨了经济中心型城市的旅游发展应走商务主导型都市旅游带动区域旅游发展的模式。潘洪萱（1995）、李海瑞（1996）、吴国清（1996）、卢晓（2000）等从上海旅游市场发展的定位、旅游吸引物和资源、旅游形式和旅游产品等方面对上海都市旅游发展模式进行了探讨。保继刚（1998）探讨了珠海以休闲度假、会议会展、观光、商务等活动为内涵的"主题城市旅游"发展模式和驱动机制。

杨勇（2012）用制度、旅游业宽度、产品线扩展3个因素分析解读上海旅游市场改革开放以来的发展逻辑与路径，认为上海旅游市场的发展以制度变迁为基础，以旅游市场宽度和产品线扩展为推动机制的结构。这3个因素的发展变化形成了上海旅游市场不同阶段的发展模式，也促进了上海旅游市场由政府主导下"嵌入式"发展模式向规则性市场制度环境"产业推动型"发展模式转变。马勇、董观志（1996）提出武汉市旅游市场的发展应选择大旅游圈模式，并对大旅游圈的构建模式、空间结构、功能结构展开分析。朱站、戴光全（2005）以东莞为例分析了经济驱动型城市的

旅游市场发展模式，该模式突破了传统依托旅游资源的产业发展模式，对经济发达但旅游资源薄弱的城市发展旅游业有一定借鉴意义。彭华（1999）从旅游市场发展动力模式角度提出城市旅游发展受旅游资源、城市经济、旅游需求三个主导因素和城市环境与基础设施两个辅助因素影响，在此基础上提出了资源驱动型、经济驱动型、需求推动型、综合都市型四种城市旅游市场发展动力模型。唐承财（2007）基于这四个城市旅游市场发展动力模型以北京、广州、深圳、桂林为例，建立判别指标体系分析得出北京为都市综合型驱动旅游城市，广州为经济驱动型旅游城市，深圳为需求驱动型旅游城市，桂林为旅游资源驱动型城市。

这些研究从多方面和层次对城市发展模式或驱动模式进行了探讨，对发展模式影响因素的研究往往没有全面考虑城市旅游市场发展的系统性，没有基于城市旅游市场的系统结构进行影响因素分析，也没有考虑城市旅游市场发展影响因素的结构性和内在关联性，因而难以概括性地分离出影响城市旅游市场发展和识别城市旅游市场发展模式的关键因素。较多研究成果停留在定性分析，很少通过定量研究来判断和识别城市旅游市场的发展模式。

二、城市旅游市场发展的产业结构研究

由于国外旅游市场走得是市场主导型发展模式，旅游市场发展由市场调节，旅游市场结构的演进发展具有其自发性，因此国外学者并没有过多关注旅游市场结构，对旅游市场结构研究的相关文献较少，主要集中在对旅游市场部门界定、城市旅游市场具体供给部门研究两个方面。对旅游市场部门界定的研究，主要有 M. Thea（1991）在《旅游市场》一书中将旅游市场划分为旅馆和其他商业住宿业、第二处住房和度假旅馆、食品和饮料业、航空运输业、铁路运输业、游船业、汽车租赁业、旅行社业和部分娱乐游憩业九个部门。Cooper（1993），WilWelm Pompl、Patrick Lavery（1993）在分析欧洲旅游市场结构与发展时将英国旅游市场部门划分为游

览、住宿、食品、购物、娱乐及其他服务五个部门。

JozeLapierre（1996）从满足旅游者需求角度出发，将旅游业界定为是旅游服务业、住宿业、交通运输业、食品和饮料业和娱乐业五个产业部门集合。Dimitri Ioannide、Keith Debbage（1997）认为旅游业是一个综合性产业，在研究美国的标准产业分类系统（SIC）向北美产业分类系统（NAICS）的演变过程基础上，认为旅游市场结构包括住宿和商品服务业、交通及货栈业、房地产业、出租及租赁业、管理和维护、垃圾管理及医疗服务、艺术、娱乐和休闲业。国外对于城市旅游市场部门的界定由于受各国旅游市场发展实际不同的影响，目前还没有形成权威统一的观点。

对城市旅游市场具体供给部门研究方面则主要集中在住宿业、旅行社业和购物业，如 Douglas 等（1984）分析了西班牙各城市在 1965-1980 期间住宿业的增长率得出各城市住宿业发展存在很大差异性并以此为据划分了西班牙城市住宿业市场需求的空间结构。Brain 等（2003）分析了 1989-1993 年间英国旅行社业的组织结构和行业竞争状况。Noam Shoval 等（2001）引入地理政治因素对城市住宿业发展空间结构展开研究。Adam（1995）对城市旅游市场中购物部门业的经济影响进行研究，并分析了大型购物中心在购物业发展中的作用，认为其可以作为独立旅游设施提供旅游者全方位服务。

相较于国外，我国学者关于城市旅游市场结构的研究内容和研究方法要丰富很多。主要集中在以下几方面：

（一）城市旅游市场结构发展研究

由于旅游市场结构既包括旅游市场内各行业部门的结构关系，也包括旅游市场与国民经济其他产业的结构关系，因此城市旅游市场结构发展研究主要有三方面内容：

1. 城市旅游市场内核心行业的发展研究

国内学者对旅游市场内的核心行业如旅行社业、酒店业的发展历程展开研究，主要以发展演进视角对旅游市场各具体行业发展阶段进行总结与划分。戴斌等（2002）概括了旅行社业发展过程中的"产业化、市场化、企业化和法制化"变迁特征，对旅行社业现状和问题展开讨论。杜江（2003）对旅行社业的发展历程进行了梳理，将旅行社业发展进程划分为初步形成（1978-1989）、快速发展（1990-1994）、结构调整（1995-2001）和全面开放（2002 至今）四个阶段。邹统钎（2002）认为我国酒店业发展经历了鼓励供给规范服务（1978-1988）、强化星级标准管理（1989-1998）、推进集团化发展（1998-2001 入世）和与国际接轨（入世后）四个阶段。马勇等（2009）将我国酒店业发展阶段分为初步形成（1978-1987）、快速成长（1988-1997）、曲折发展（1998-2001）和全面发展（2002 至今）四个阶段。魏小安（2010）分析了酒店业的竞争现状提出了酒店业在产品、形式、服务、营销、技术、文化、结构、竞争、发展上的九大发展趋势。在旅游景区（点）发展方面，魏小安（1999）将主题公园发展分为起步阶段（1983-1988）、规模质量提升阶段（1989-1997）和重市场、重内涵、重文化的规范阶段（1998 至今）三个阶段。吴必虎等（2006）将主题景区发展分为 20 世纪 80 年代游乐园型、20 世纪 90 年代主题公园型和 21 世纪主题度假区型三大阶段，并以国家 A 级旅游区（点）中 319 家主题景区为研究对象，通过对其在数量、类型、空间分布上的分析，总结出中国主题景区由娱乐性转向休闲性、由低收益转向高收益的发展规律。

2. 城市旅游市场各行业之间的结构关系与效益研究

该方面的研究根据运用方法的不同主要有两类，一类是运用偏离—份额法对城市旅游市场结构及效益进行分析。如潘景胜（1998）运用偏离—份额法分析了上海旅游市场结构效益的变化特征，认为应扩大餐饮、娱乐、商品部门在上海旅游市场结构中的竞争优势，缩小交通、游览、邮电通讯部门的竞争劣势。汪惠萍（2007）用该法分析了黄山市旅游市场结构中各产业部门的优劣势。胡宇橙（2008）用 ssm 法对天津旅游市场结构及效益进行分析，认为旅游市场各部门发展优势明显但各部门之间存在不均衡，其中交通部门和商品销售部门增长速度快，结构贡献度大，而住宿部门增长速度趋缓，竞争力减弱。康传德（2009）分析青岛旅游市场结构，认为青岛旅游市场餐饮、商品、游览业结构效益差。张晓明等（2010）运用偏离—份额分析法（ssm 法）对西安旅游市场结构进行了实证研究，得出西安旅游市场内各部门之间存在结构性矛盾，游览业、娱乐业、交通业等弹性部门旅游创汇比重低，但产业竞争力较强，而住宿业、餐饮业、商品销售业等部门旅游创汇比重高，但产业竞争力不足。

另一类则是运用灰色关联分析法对城市旅游市场结构及效应进行分析。如吴铮争（2004）运用灰色关联分析法对西安市旅游市场结构进行分析，认为西安旅游市场对住宿、交通、餐饮等部门有很强的依赖性，西安旅游市场内部各部门之间关联度较弱，且在规模上、效益上差异较大。陈秀莲（2007）用次区域理论将泛珠三角分成三大次区域，然后用灰色关联分析法对各次区域旅游市场结构进行实证分析，得出旅游市场各部门影响度在不同区域存在明显差异的结论。盛学峰（2009）对黄山市旅游市场结构进行分析，结论为对黄山国际旅游外汇收入增长影响较大的部门依次为商品部门、餐饮部门、娱乐部门、住宿部门、长途交通部门、游览部门和邮电部门。张春晖（2010）则同时用 ssm 法和灰色关联分析法对陕西旅游市场进行分析，得出陕西省入境旅游市场及各部门的发展水平低于全国平均水平，游览和娱乐部门亟待调整的结论。

3. 城市旅游市场与城市其他产业之间的结构关系

研究旅游市场的综合性、产业关联性强的特点使得旅游市场在带动相关产业发展中有很大的作用，并且逐渐出现了旅游市场与城市其他产业之间相互渗透、融合形成产业新业态的现象，我国学者也关注并展开对产业融合现象的研究。杨颖（2008）指出旅游市场发展呈现出产业融合的新趋势，既有与其他服务业的融合，也有与一、二产业的融合。李美云（2008）对旅游景点业与动漫业的融合模式进行了探讨。张佰瑞（2009）分析了产业融合对北京旅游市场发展的影响，给出了北京旅游市场与第一产业、信息产业和会展业融合的三个途径。王振如等（2009）立足于北京的自然资源、农业资源和文化资源，提出了北京发展生态旅游业、都市农业和文化创意相融合的产业模式。陆军（2006）、刘德艳（2009），以桂林阳朔为例探讨了文化产业与旅游市场 的融合。刘志勇（2009）提出可以从旅游商品开发、旅游项目策划、旅游市场营销三方面对旅游市场与创业产业进行深度融合。李峰等（2013）突破性地从定量角度对西安市的旅游市场融合和旅游市场结构关系演化进行了实证研究，他用技术融合、业务融合、市场融合、研发经费融合和研发人员融合等指标来度量旅游市场融合，用技术结构、需求结构、就业结构、产值结构和规模结构等指标来度量旅游市场结构演化，运用协同动力模型定量地分析了旅游市场融合与旅游市场结构演化两者之间的关系。徐虹（2008）则对旅游市场融合障碍进行了分析，认为旅游市场与其他产业融合的障碍为制度障碍、能力障碍和需求障碍。麻学峰等（2010）指出由于各种产业的特点、功能作用、技术优势不同，其与旅游市场融合、关联的方式应当存在差异，并给出了资源融合、技术融合、市场融合和功能融合四条旅游市场融合路径。何建民（2011）对旅游市场融合发展的形式、动因、路径、障碍及机制做了简要分析。

（二）城市旅游市场结构评价研究

师萍（1999）提出应对旅游市场结构发展和调整过程进行评价以判断旅游市场结构是否合理化和高度化，并从旅游市场协调发展、旅游市场经济效益和旅游市场内部结构三方面给出了具体的评价指标。金永生（1999）从北京旅游市场的技术能力、产出能力、市场能力、管理能力和获利能力对北京旅游市场结构做出了评价。吴承照（2009）构建了旅游市场内部生长力指数、旅游市场外部竞争力指数和旅游市场整合力指数，分别对上海旅游市场结构合理性、旅游市场竞争力和旅游市场运行质量三个方面进行综合评价。王兆峰（2011）用区位化、多样化指数和系统化三个指标评价了张家界旅游市场结构。巨鹏（2011）对上海和广州旅游市场结构做出评价，发现两城市旅游市场内各部门的绩效存在极大的趋同性，并从供给和需求两方面因素对趋同现象做出解释。田纪鹏（2012）以旅游经济发展最大化和旅游就业最大化为目标构建了旅游市场结构多目标优化模型，并以资源、环境、节能减排为约束条件，通过对上海旅游市场结构的实证分析，得出现阶段上海旅游市场发展目标更倾向于旅游就业最大化，上海旅游市场结构优化在节能减排方面有较大的提升潜力。

三、城市旅游市场集群研究

（一）旅游市场集群的概念与定义

国际集群协会（cluster consortium）对旅游市场集群的定义为"旅游市场集群是旅游企业和相关组织机构在地理上的集中，它们为了共同的目标而合作，建立起了紧密的联系，使得区域获取了整体的竞争优势。"Molefe（2000）认为旅游市场集群是旅游活动在地方地理上的集中，形成了基于旅游活动的旅游价值链，集群可以通过合作以提高竞争力和加速经济发展。Sara（2003）认为旅游市场集群即包括了传统餐饮、住宿、娱乐、旅行社等旅游企业集群外，还包括了非传统形式的旅游主题集群（thematic clusters）。集群内的企业通过合作协同为旅游者提供旅游体验价值。Donald（2004）从产业链和产业竞争优势角度定义旅游市场集群是"由有效的旅游供应链组织起来的一系列旅游活动和服务，其目的为所有单位协同作用共同提高旅游目的地的旅游市场竞争力"。

我国学者最早由尹贻梅、陆玉麟等（2004）从区域集群角度给出定义，认为旅游市场集群是"聚集在一定地域空间的旅游吸引物、旅游企业和旅游相关企业和部门为了共同目标建立紧密联系，协同工作提高其产业竞争力"。旅游市场集群较之产业集聚更强调集群内部企业之间在特定旅游市场和活动中的经济联系。王兆峰（2006）认为旅游市场集群是旅游资源、旅游企业和相关部门在地理上的集中，但其核心是旅游企业之间以及旅游企业与其他相关企业之间的联系和共生关系。张建春（2006）在总结归纳了国内外学者对于旅游市场集群的定义后，提出旅游市场集群的概念可从功能维度、空间维度、时间维度和战略理念维度这四个维度进行分析，也就是说旅游市场集群整合了产业链、地理空间、发展演变和战略理念共四方面的内容。龚绍方（2007）将旅游市场集群定义为"在一定地域范围内

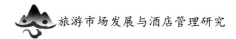

围绕本地区旅游核心吸引物而形成的一个以旅游企业为主体，以辅助性服务企业和机构为辅的，有共同目标的旅游经济集聚现象和旅游服务体系，以及由此产生的经营联盟、区位品牌、创新旅游服务等旅游价值链"。

从国内外学者对旅游市场集群的定义可以看出，旅游市场集群包含了三大核心要素：第一，旅游市场集群是旅游市场各要素在空间上集中的表现；第二，旅游市场集群强调集群主体的联系与合作，通过集群相关要素的协同合作形成集聚经济和规模经济；第三，旅游市场集群与一般制造业产业集群是价值链上的垂直分工不同，是旅游者体验价值链上的横向；合作联系。

（二）旅游市场集群实证研究

Wiliams（2004）论证新西兰酒店业集群与旅游市场发展的互动关系，认为旅游市场集群是提升旅游市场竞争力的重要途径。

Maskell（2007）将旅游市场集群作为推动旅游市场发展的战略手段。我国学者麻学峰（2005）以武陵山区旅游市场集群为例，提出构建以"自然景观""历史文化""民俗风情"为核心构架的旅游集群发展战略模式来提高武陵旅游市场竞争力。

左冰（2007）对湖南省旅游市场集群进行了识别和界定，通过投入产出法和聚类分析得出湖南省旅游集群以旅行社业为核心产业，以旅客运输业、住宿业、餐饮业、娱乐业、批发贸易业、环境资源管理为六大主体产业以及12项辅助产业构成了轴轮状与网状相结合的混合型集群形态，并认为这一集群发展模式适用于成长阶段初期的旅游目的地。

张广海（2008）评价了山东城市群的旅游市场集群发展状况，认为其旅游市场集聚态势显著但处于自然集聚阶段，对旅游市场发展的集聚经济效益还没有显见。

方世敏（2010）讨论了旅游市场集群的影响因子，以长株潭城市群旅游圈为对象，运用灰色关联分析方法对各因子对产业集群的影响度做出定量判别。

卞显红（2011）以杭州国际旅游综合体为例，分析了旅游市场集群持续成长的驱动力，认为旅游要素比较优势是基础驱动力，旅游投资是保障性驱动力，集群网络是关键驱动力，集群创新是核心驱动力。

（三）旅游市场集群水平的研究

国内外学者运用各种指数和计量方法对旅游市场集群水平做出判断，如 Jackson（2006），Urtasun（2006）用赫芬达尔指数计算了澳大利亚和西班牙的旅游市场集聚度，刘春济（2008）用 E-G 指数对全国、区域和部门三个层面的旅游市场集聚程度进行测算，得出我国旅游市场集聚程度较高结论，认为大部分旅游市场部门并不适合高度地方性集聚，应在"大旅游"内涵下发展旅游与相关产业的集群效应。杨勇（2010）通过计算空间基尼系数对我国旅游市场的行业区域聚集程度进行计算，得出我国旅游行业区域聚集程度呈现上升趋势。朱彧等（2012）运用基尼系数、赫芬达尔指数、行业集中度等指标对海南旅游市场集群程度进行定量识别、判定和分析。把多勋（2012）采用区位商值和旅游市场集聚增长指数对甘肃省 14个城市的产业集聚竞争力进行了计算和划分。

四、城市旅游市场经济效应研究

（一）旅游市场发展对经济增长的影响研究

国外学者对于旅游业对经济增长的影响较注重实证和个案研究。如 Andrew（1997）研究了英国康沃尔旅游业发展带给当地经济的影响。Henry（1997）对比了 1990 年和 1995 年两年旅游业对爱尔兰经济的贡献度，认为旅游业对经济增长有积极作用。Gang（1999）以我国 90 年代快速发展的旅游业为研究对象，采用划分特定区域分析方法，对我国三个不同经济类型地区的旅游业与经济发展关系进行了论述。Jang 等（2004）分析了台湾省旅游发展和经济增长的关系，得出台湾省旅游业发展与经济增长有直接相关关系且长期均衡存在。

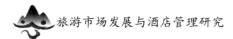

在入境旅游带给经济增长的影响研究方面，国外学者多以出口驱动型经济增长理论为理论基础，Arslanturk（2008）认为旅游业是劳动密集型产业，在国际收支账户中属于国际服务部分，因而入境旅游就是无形的出口，发展入境旅游所带来的收入具有外汇性质。基于此，Soukiazis（2008）认为发展入境旅游可从两方面来促进经济增长，一是促进了本国（地区）旅游企业与国外其他旅游目的地国家（地区）旅游企业的竞争，提高了效率；二是推动了本国（地区）旅游企业实现规模经济。

Ghali（1996）基于入境旅游是菲律宾第二大出口贸易的事实，研究了入境旅游对菲律宾经济增长的影响，得出了发展入境旅游带给菲律宾国民个人收入总量增长要比不发展入境旅游多 17 个百分点，旅游出口对菲律宾经济增长有积极的贡献。Balaguer（2002）等提出旅游驱动型经济增长假说，认为旅游是促进长期经济增长的因素，并以西班牙为例验证了该观点。

国外研究学者（Naraya，2003；Ongan 2005；Kim 2006；Brida 2008）以不同国家和地区为对象，运用协整检验、Granger 因果关系检验、VAR 模型、VEC 模型等计量模型与方法，研究了旅游与经济增长之间的关系，得出旅游发展促进经济增长的结论。

但也有学者认为旅游业与传统出口产业是不同的，在研究旅游业与经济增长关系时不能简单硬套出口驱动经济增长的理论，并通过实证研究得出了不同的结果。针对 Balaguer 的研究结论提出旅游驱动型经济增长假说并不适用于所有像西班牙这样的旅游依赖型国家，并以韩国为例得出了旅游并非促进经济增长的长期原因。Katircioglu（2009）通过对土耳其 1960 年到 2006 年的时间序列数据进行约束检验和 Johansen 协整，得出土耳其不存在入境旅游与经济增长之间的协整和 Granger 因果关系。Tang（2011）对马来西亚1995年到2009年的入境旅游与经济增长关系进行了协整检验，结论表明入境旅游与经济增长之间存在长期稳定协整关系，但入境旅游并不是经济增长的 Granger 原因。

我国学者对国内旅游和入境旅游对经济增长的影响也进行了相类似的

研究。有运用计算两者之间弹性系数、相关系数的传统方法来探讨两者关系的研究，如陶金龙（2004）计算了苏州的旅游业对 GDP 的贡献度，认为旅游业对苏州的国民经济增长有较好的影响效果。苏继伟（2005）等利用回归模型测算了 1984 到 2001 年期间重庆市入境旅游对城市经济和第三产业的贡献率，认为入境旅游对重庆国民经济增长特别是第三产业增长有积极影响。周四军等（2006）测算了我国旅游业与经济增长之间的相关系数和贡献率，得出两者间为相互影响关系。

也有学者借鉴国外研究方法和计量模型来分析二者之间影响关系。刘长生（2008）基于面板数据的 VAR 模型对我国旅游业发展与经济增长关系进行了研究，得出旅游与经济增长两者间存在长期均衡和双向因果关系的结论，但旅游业发展对经济增长的影响要小于经济增长对旅游业发展的影响。但由于学者选取计算指标不同、运用方法不同、采用研究数据时间段不同，得出了不同的结果。庞丽等（2006）对我国 1991 至 2002 年入境旅游与经济增长的关系进行了分析研究，得出在全国、区域层面上入境旅游仅对我国东部地区的经济增长有显著影响而对中西部地区的经济增长无显著影响。在省级层面上，只有少部分省份的入境旅游与经济增长存在显著因果关系，且存在明显的省际差异。杨勇（2006）利用我国 1984 到 2004 年的 20 年数据，对我国国内旅游与 GDP 之间关系进行研究，得出国内旅游与经济增长之间并不存在长期均衡关系，而是只存在经济增长到国内旅游消费的单向因果关系。陈海波等（2006）以江苏省 13 个城市为研究对象，运用面板数据模型分析不同城市旅游接待人数对旅游经济增长的影响。孟祥伟（2010）运用协整分析和 Granger 因果关系检验法分析了河北旅游经济发展与区域经济增长的关系。蒋满元（2008）用 VAR 模型及其 Granger因果关系检验分析了旅游外汇收入与经济增长之间关系，认为两者之间不能确定互为因果关系。查芳（2011）在索洛经济增长模型基础上对我国宏观旅游经济与经济增长相关性进行分析。赵磊（2012）采用 DEA-Malmquist生产率指数对 1999-2009 年我国省际经济增长效率进行了测算，并运用动态面板系统广义矩估计方法分析了旅游发展对经济增长效率的影响。

（二）旅游专业化水平对经济增长影响

国外学者基于旅游专业化发展程度来研究其对经济增长的影响，研究主要集中在两方面，一为旅游专业化发展是否对经济有促进作用，二为进行旅游专业化发展的国家其经济快速增长的原因。旅游专业化程度是衡量旅游业发展程度的指标，一般用旅游收入占 GDP 比重、旅游收入占出口贸易额比重或入境旅游人次占本地居民的比重等指标来衡量。

学者们通过实证分析认为旅游专业化发展对经济增长有正向作用，如 Brau（2003）定量分析了 143 个国家 15 年的数据得出旅游专业化国家的经济增长率确实高于其他非旅游专业化国家的结论。Sequeira（2004）用面板模型分析同样也得出旅游专业化国家的经济增长率较高结论，旅游专业化对经济增长有正向作用。

但有学者同时指出旅游专业化程度不同对经济增长的影响度不同，并且对经济增长的促进作用是随着旅游专业化程度的提高而逐渐减小的。Adamos 认为在旅游专业化程度较低时，旅游专业化往往会带来较高的经济增长率，之后由于收益递减规律，旅游专业化对经济增长的正向影响会逐渐减小。Chang（2009）利用门限面板模型，研究了旅游专业化对欧洲、亚洲、非洲和拉丁美洲等地区经济增长的影响，将旅游专业化程度划分成三个区间，分析了不同区间的专业化程度与经济增长两者间的关系，专业化成熟相对较小区间时，旅游专业化对经济增长有较大影响，之后两者关系逐渐减弱，认为旅游专业化不一定能持续地促进经济增长。

国外学者还对旅游专业化国家经济增长的原因进行了深度分析，Lanza（2000）提出旅游专业化国家其经济增长快速的原因在于其自然资源和可再生资源禀赋充裕，具有专业化发展旅游的比较优势，并提出旅游专业化促进经济增长较适用于小规模的国家。Brau（2007）则在之前研究基础上提出将旅游专业化发展视为独立的经济增长因素，认为旅游专业化国家的经济增长不能用传统经济增长模式中的增长因素来解释。他认为旅游专业化发展将增加对该国非贸易品的需求，而非贸易品的需求增加改善了该国的贸易条件，促进其经济增长。我国学者同样也关注到了旅游专业化程度的问题，但集中于对我国区域或城市的旅游专业化程度进行测度评价，较少像国外学者那样关注旅游专业化与经济发展关系的研究。如张茜等对我国主要省份旅游专业化程度进行了测度，研究了不同专业化程度省份其旅游竞争力的现状。杨传开等（2012）从城市作为旅游客源地、旅游目的地、旅游中转地三个层次分析了我国36个城市旅游专业化功能的强度，并对比了2000年和2010年这些城市专业化程度的变化，并对影响专业化程度的主导因素进行了分析。

（三）旅游行业和部门对经济增长影响

国外学者从旅游市场特性出发，认为旅游市场不同于传统产业，传统产业是以生产和提供相类似产品的企业集合，而旅游市场则更是一个产业系统，由提供综合旅游产品和服务的多行业、部门组成（Mill和Morrison，2002）。这其中包括了多个不同类型的行业和部门如旅行社、饭店、景区、住宿与餐饮业、交通运输业等，不同行业之间的市场绩效不同、行业利润率不同，但当这些不同的行业组合在一起成为完整的旅游市场系统时，将共同对经济增长产生影响，且影响程度的大小源自于不同的行业和部门的比重和绩效（American Hotel&Lodging Associatio n，2006）。Chen（2008）从旅游市场绩效角度研究了旅游市场与经济增长的关系，认为多个旅游行业的市场绩效共同作用于经济增长，因此选择了饭店、航空、旅行社等旅游行业的多家旅游上市公司，以这些上市公司的股价作为旅游行业的市场绩效反映指标，分析其与GDP增长的关系，得出旅游社与经济增长存在长期双向因果关系，而酒店业则不是，认为不同旅游行业对经济增长的作用是不同的。再如Choi（1999）研究了酒店业，Wheaton&Rossoff（1998）研究了旅馆业，Guzhva（2004）研究了航空业等，学者们通过研究具体旅游行业的产业绩效来研究其对经济增长的影响。Chun-Hung（2009）认为从旅游市场的多行业和部门层面上研究旅游市场同经济增长之间关系会带来更为精确的研究结论，他同时研究了住宿业、酒店业、航空业与娱乐业对经济增长的影响。

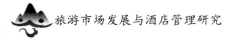

（四）旅游市场对经济增长影响的研究工具

国外学者衡量旅游经济影响的工具主要为旅游投入产出分析和旅游卫星账户。

Areher（1995）以传统的投入产出框架为基础，形成了旅游投入产出分析表来对旅游经济效益进行了测算，之后这一投入产出模型被学者广泛应用于旅游经济效应研究中。运用投入产出法可从这几方面评价旅游经济影响：一为旅游业增加值、旅游增加值及旅游乘数；二为旅游消费所引起的其他国民经济产业产出增加；三为旅游业产业波及和关联分析。我国学者也利用投入产出表对旅游业的经济影响进行了实证分析，如李江帆等（2001）用投入产出法分析了广东省旅游业的产业关联和产业波及关系，借鉴国外并拓展了我国学者科学定量地研究旅游业对国民经济增长影响的研究方法；左冰（2002）采用投入产出法测算了我国旅游产出乘数及就业乘数；依绍华（2005）用投入产出法分析了旅游市场的就业效应；魏卫等（2006）利用该方法分析了湖南省旅游市场的经济贡献。

之后在 2000 年联合国发布测算旅游经济影响的国际行业标准即旅游卫星账户，一些国家如美国、加拿大、瑞士、西班牙、德国、澳大利亚、新西兰、土耳其、印度都开始采用该方法体系，使得国外学者获取旅游业投入产出数据更为科学和充分，因此国外学者较多地运用投入产出法和旅游卫星账户方法以及较先进的计量经济学研究方法来测度旅游业对经济增长的影响。

而在我国，除了江苏省试点完成了旅游卫星账户编制外，该方法体系并没有在我国普及，而在我国的国民经济统计中又没有对应旅游业的概念，旅游业被分散在批发和零售贸易、住宿与餐饮业、交通运输仓储及邮电通信业、社会服务业、旅游业、旅馆业（国民经济行业分类中特指旅行社业）、娱乐服务业等部门，我国在旅游统计方式和口径上的缺陷使得我国学者在科学定量测度旅游业经济效应上存在难度。在联合国旅游卫星账户体系发布以来，我国学者一直致力于更科学、更有效地进行旅游经济影响的定量

研究，如李志青（2001）引入 TSA 账户测算出上海的旅游 GDP；潘建民等
（2002）结合广西省的投入产出表，建立了广西旅游卫星账户，并测算了
广西旅游业的增加值及其对经济的贡献；康蓉（2006）根据 TSA 指南探讨
了建立我国旅游卫星账户和进行旅游业增加值测算的思路。葛宇菁（2007）
将旅游卫星账户发展分为概念发展阶段、探索阶段和融合深化三个阶段，
并从基本概念、投入产出表、报表系统讨论了旅游卫星账户运用的主要方
法；黎洁（2009）借鉴发达国家编制旅游卫星账户的思路、分类体系和数
据获取方法，分析了目前我国编制旅游卫星账户存在的问题，对应地给出
建议对策；刘迎辉（2011）运用旅游卫星账户分析方法计量了陕西旅游业
的直接经济贡献、旅游业就业贡献等多项指标；薛莹（2012）探讨了澳大
利亚、丹麦等国在 TSA 编制上的经验与不足，对省、直辖市、自治区级旅
游卫星账户的编制给出建议。

五、城市旅游市场发展的政策研究

我国旅游业的飞速发展，我国政府关于旅游业发展的政策引起了西方
学者的较多关注。Choy 等（1986）对我国 1978-1984 年的旅游业发展趋势
和旅游政策的变化进行了分析，指出国家旅游政策的变化目的是为了扩大
国际旅游人数，实行推进型旅游发展模式。Tisdell（1991）分析了我国旅
游业的投资规模、性质和相关投资政策，认为当时的自然观光型旅游产品
已呈现出"进入成熟期迹象"，提出我国政府应当重新评估和调整相关旅
游投资政策的建议。Zhang（1999）等基于霍尔（Hall）的旅游政策演进模
型，从需求、决定、输出和影响四个方面阐述了 1978 年以后我国的旅游发
展政策，并根据旅游政策的演变和对旅游市场的作用将中国旅游业分为三
个阶段，分别为 1978-1985 年的旅游业为"政治为主，经济为辅"阶段；
1986-1991 年"七五"计划明确将旅游定位为经济产业，演变为"经济为
主，政治为辅"阶段；1992 至今旅游发展定位为"社会主义市场经济"的
经济属性，指出政府在旅游发展进程中扮演经营者、政策制定者、投资促

进者、促销者、协调者和教育者等角色，是旅游市场发展的主要推动力量。Airey（2010）研究对我国旅游政策制定的主体部门进行研究，得出我国旅游业发展的条块分割和权力分散结构使得政策由代表不同利益、价值的政策主体来制定，包括有中央领导者、国家发改委、财政部、国家旅游局、地方政府等等政策制定主体。

国内学者对旅游业发展的政策研究早期集中于如何发挥政府在旅游业发展中的作用，并介绍相关的国外旅游发展政策制定经验。骆昌慈等（1981）指出应根据旅游经济的发展要求来制订相关政策。张广瑞（1989）对国外西方发达国家的旅游发展模式进行了总结归纳，共分为经济发达国家模式、旅游发达国家模式、不发达国家模式和岛国模式，并对应分析各种模式下国外政府对于旅游业管理和发展的政策。之后由于在上世纪90年代我国建立社会主义市场经济体制目标的确立，学者对政府长期在旅游发展中的强势干预角色应当如何重新调整和定位展开了相关探讨和研究。相关的政策研究认为既要肯定市场配置资源的基础性地位，也要政府政策进行宏观调控，这为建立"政府主导，市场主体"的旅游发展战略提供了充分的理论依据。

进入本世纪后，针对我国旅游市场面临的新形势、新问题，学者们展开了多角度的旅游政策研究。马波（1998）认为国内旅游的蓬勃发展使得旅游市场整体结构发生了重要改变，因而提出了关于新时期旅游市场地位和发展模式、政府管理体制改革和国有旅游企业改制等问题的政策建议。李正欢（2003）提出我国旅游经济增长方式应从粗放型增长向高效集约型增长转变，在政策导向上应发挥人力资本和技术进步的作用来实现旅游业的内生增长方式。宋振春（2007）以科学发展观为基础，提出旅游政策不仅是旅游市场的发展政策，更应是以旅游活动为中心，"扩展人的权利、自由、幸福和增进社会的开放、民主、繁荣的以个人与社会发展为目的的社会政策。冯学钢（2010）针对2008年金融危机后我国有效需求不足，提出政府应出台旅游危机应对的政策制度来刺激旅游市场弹性空间、扩大国民休闲需求以促进经济增长。还有学者从旅游政策的系统角度展开研究，如魏小安、韩建民 2003 年编著了《旅游强国之路：中国旅游市场政策体系研究》，代表了我国零散的旅游政策研究趋向于系统化；罗明义（2008）就建立我国旅游政策提出了健全旅游法规体系、制定国家层面旅游法消除旅游政策冲突、旅游政策在管理和发展中应更重视发展和注重政策可操作性四个角度的完善建议。

第三节 旅游市场产业结构升级背景下的酒店业

近几年来，我国开始给予旅游市场发展高度重视。旅游市场在发展过程中存在的问题也逐渐显现出来，例如旅游产品缺少多元化、旅游接待设施无法迎合旅游市场发展需求等。作为综合经济产业中不可或缺的一部分，开展旅游市场框架修整工作，不但会给旅游市场整体经济状况带来影响，同时还会给旅游市场相关的企业，例如酒店、餐饮等今后的发展起到了现实性作用。所以，实现旅游市场框架的优化，可以有效促进旅游行业的稳定发展。本书将进一步对旅游市场结构优化背景下酒店行业的发展进行阐述和分析。

一、旅游市场结构优化对酒店行业发展的影响

（一）酒店行业与旅游业的关系

针对旅游市场来说，酒店行业是一个具备综合性的产业，涉及的有关产业数量繁多，其作为旅游市场中不可或缺的一部分，其在旅游市场中起到的作用逐渐重要起来。旅游市场发展推动了酒店行业的稳定发展，并且酒店行业的发展又给旅游市场的今后发展奠定了良好的基础。

（二）旅游市场结构优化为酒店行业发展创造了契机

随着酒店行业的快速发展，其主要因素和旅游市场的需求有着直接的关系。例如，江苏省酒店企业得到了快速发展，并进入到我国酒店排名第三名的主要原因就在于本省具有良好的旅游政策，这不但给星级酒店的发

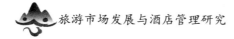

展提供了条件，同时也让一些小规模的经济型酒店也得到了良好的发展前景。

（三）旅游市场结构优化激发了酒店行业发展潜力

随着旅游市场框架的不断优化，这给酒店行业的发展创造了条件，将酒店行业中面临的问题进行妥善处理，才能从根本上推动酒店行业更好发展。对此，应该做到三点：一是完善酒店管理机制，参考西方国家先进的管理观念以及管理方式，同时结合我国酒店管理需求，构建完善的酒店管理机制，从而满足各个消费人群要求；二是加大酒店管理人员的培训力度，在提升酒店管理人员综合服务质量的基础上，对促进酒店企业稳定发展起到了积极性的作用，所以，对酒店管理人员实施专业培训，不仅可以增强酒店管理人员的综合素养，同时还能提升酒店整体服务水平。三是构建酒店文化，文化作为推动企业发展的主要动力，只有在形成完善的酒店文化基础上，才能提升酒店职工的凝聚力，给酒店的发展奠定基础。

二、以往酒店行业存在的问题

（一）管理模式落后

结合以往我国酒店的运营方式来说，主要以独立性运营形式为主，同时，国内酒店开始认识到酒店集团品牌作用的重要性，并且开始加入联合以及兼并的热潮中，注重品牌的建立。在酒店行业发展过程中，虽然我国本土酒店得到了良好的发展，但是在管理角度来说，相应的管理机制还有待完善和提高。

（二）缺乏高质量管理人才

近几年来，旅游市场的快速发展，给大学旅游管理专业人才的培养营造了条件，产生了诸多科班出身的旅游管理人才，再加上社会管理经验丰富人员数量的提升，对旅游市场的快速发展起到了如虎添翼的效果。但是，从整体人才角度来说，要想招聘一些具备高能力、高素养的管理人才还存在一定的难度。

（三）企业文化构建不足

针对所有企业来说，随着企业之间竞争逐渐加剧，要想在这个充满竞争的市场中占据稳定地位，提升酒店综合竞争实力是非常必要的，怎样才能提升酒店核心竞争水平，关键就在于人才的培养，酒店要想挽留更多的专业人才，构建完善的企业文化是非常必要的。

三、旅游市场结构优化背景下酒店行业发展的策略

（一）提高酒店的服务质量

酒店作为一个竞争较为激烈的行业之一，要想稳定发展，提升酒店整体服务水平是非常必要的。只有给消费者提供更优质的服务，才能提高酒店整体运营效率，增强综合竞争实力，促进酒店更好发展。

（二）改革传统管理模式

在开展酒店管理工作时，应该将原始的管理理念以及方式进行舍弃，借鉴西方国家的现代化管理理念以及方式，同时融合我国酒店的发展需求以及特性，有针对性地开展管理工作。例如，在酒店发展过程中，对各个产品体系进行重新改造，实现多元化供给，从而迎合各种消费人群要求。

（三）实施品牌经营策略

结合以往酒店的运营模式来说，我国酒店也意识到创建酒店品牌的重要性，开始实施品牌运营策略，这给酒店的发展创建了良好的条件。

（四）强化管理人才培训力度

当前，我国大多数院校已经开设了酒店管理专业，但是针对酒店行业内部发展而言，还要通过进行行业内部培训的方式，在提升管理工作人员专业水平和综合素养的基础上，才能推动酒店行业更好发展。

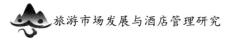

（五）构建优秀的酒店企业文化

企业文化作为促进企业快速发展的主要动力，酒店行业为了得到稳定发展，就要构建合理的酒店企业文化。通过酒店构建企业文化的方式，提升酒店职工之间的凝聚力，调动酒店职工的工作积极性，提升酒店整体发展水平，从而推动酒店行业的快速发展。

四、酒店行业发展前景展望

随着 2008 年北京奥运会的顺利落幕，给我国旅游市场发展带来了良好的契机，不仅吸引了诸多国内人士的广泛关注，同时也得到了诸多国外人员的认可。所以，今后随着我国旅游市场的快速发展，酒店企业也得到了良好发展，同时保持稳定上升的发展趋势。

即便当前我国酒店企业发展前景非常被看好，特别是针对经济型酒店，深受广大消费者的喜爱和青睐，具有良好的发展前景。但是随着当前酒店竞争的逐渐加剧，酒店产业扩张已经成为必然趋势。所以，针对我国酒店产业发展来说，应该掌握好现阶段旅游市场框架优化的机会，全面促进企业产业框架的改革和优化，并且全面应用现代化技术，在增强自身品牌影响力的同时，还能提升自身国际竞争水平，在国际市场中占据一席之地。

旅游市场的发展和酒店行业的发展是一荣俱荣一损俱损的，要想实现旅游市场和酒店行业的稳定发展，就要将酒店服务产品进行创新，实现酒店运营模式的规范性和专业性，结合消费者需求，实现产业框架创新，从而推动酒店行业稳定发展。但是结合当前情况来说，酒店企业在发展过程中，依然存在诸多的问题，这些问题的出现，制约了酒店行业今后的发展。因此，需要加大当前酒店行业发展问题的探究力度，结合不同的问题，提出相应的优化措施，在优化酒店产业框架的基础上，构建完善的规范体系，从而促进酒店行业的稳定发展。

参考文献：

[1]陈太政，李峰，乔家君.旅游市场结构高度化与旅游经济增长关系研究［J］.经济地理，2013(5)：182-187.

[2]陈秀莲.泛珠三角国际旅游市场结构实证分析——基于次区域理论和灰色关联度的探讨[J].国际经贸探索，2007(7)：39-43.

[3]陈秀琼，黄福才.中国旅游业发展质量的定量评价研究[J].旅游学刊，2006(9)：59-63.

[4]陈雪琼，任晓春.福建省旅游市场结构研究及其对策[J].华侨大学学报(哲学社会科学版)，2001(3)：20-26.

[5]陈英.后工业经济：产业结构变迁与经济运行特征[M].天津：南开大学出版社，2005：30-43.

[6]陈玉娟.知识溢出、科技创新与区域竞争力关系的统计研究[D].浙江工商大学博士学位论文，2013.

[7]迟景才.中国旅游经济探索[M].广州：广东旅游出版社，2004(第二版)：118.

[8]楚尔鸣，李勇辉.高新技术产业经济学[M].北京：中国经济出版社，2005：66.

[9]楚新正，李艳红，勒万贵.上海国际产业结构效益分析[J].干旱区资源与环境，2005(7)：119-123.

[10]崔凤军.中国传统旅游目的地创新与发展[M].北京：中国旅游出版社，2002：38.

[11]崔功豪，魏清泉，陈宗兴.区域分析与规划[M].北京：高等教育出版社，1999.

[12]崔建勋.河南省旅游市场结构升级中的创新问题研究[J].管理学

刊，2012(5):53-57.

[13]代谦,别朝霞.人力资本、动态比较优势与发展中国家产业结构升级[J].世界经济，2006(11):70-84.

[14]戴斌,乔花芳.北京市旅游市场结构变迁:理论研究与实证分析[J].江西科技师范学院学报，2005(4):1-11.

[15]戴维周,李茜.日本旅游观光产业立国的现状与启示[J].现代日本经济，2006(2):37-40.

[16]邓伟根.产业经济学研究[J].北京：经济管理出版社，2001:139-140.

[17]董红梅,赵景波.中国高等级旅游资源数量与旅游人数、旅游收入的关系研究[J].干旱区资源与环境，2011(2):173-177.

[18]多纳德,德里克.产业经济学与组织[M].北京：经济科学出版社，2001:371-372.

[19]樊纲,王小鲁,马光荣.中国市场化进程对经济增长的贡献[J].经济研究，2011(9):4-16.

[20]范合君.产业组织理论[M].北京：经济管理出版社，2010:56-65.

[21]陈志斌,何忠莲.内部控制执行机制分析框架构建[J].会计研究，2007(10):46-52.

[22]冯高飞.中小酒店内部会计控制探析[J].财会通讯,2010(26):114-115.

[23]郭丽肖.浅析酒店内部控制建设[J].商业经济，2012(24):63-64.

[24]贺德洪.现代酒店内部控制环境下的财务治理[J].新会计，2012(06):12-14.

[25]胡晓玲.关于经济型酒店内部控制问题的思考[J].财会通讯,2013(17):125-126.